Marcel Nuss

LA SYMBOLIQUE HORIZONTALE

Éditions MN

Édition : BoD – Books on Demand, info@bod.fr
Impression : BoD – Books on Demand, In de Tarpen 42, Norderstedt
(Allemagne)
Impression à la demande

© 2023 Marcel NUSS
Dépôt légal : Août 2023
Couverture : Jill Prévôt Nuss
ISBN : 978-2-3224-7965-8

ÉCHOS D'AURORE

(1998)

BONHEURS

Elle m'a appris
à écouter le silence
et à aimer l'amour
l'amour du silence
le silence de l'amour

elle m'a appris
à regarder le vent
et à respirer la nature
la nature qui fredonne
le vent qui étonne

elle m'a appris

                    la vie

depuis je sillonne
son regard et les chemins
son cœur et les cimes
la lumière de son âme et l'âme des fleurs
de l'aube au petit matin ...

~~~~~~~~~

                                        À Véro

Une chrysalide juvénile
à la parure fringante
a pétillé dans mon jardin
en frissonnant sous la canicule
papillon exubérant
flamboiement déchiré
entre les herbes folâtres
d'une psyché indécise
qui tend vers sa vérité…
Un attendrissant capricorne
bondit avec une gourmandise
angoissée d'ubac en adret
~~~~~~~~~

dans une syntaxe volubile
de volubilis fragile et déluré
qui papillonne dans mon jardin
engendrant des vers
sous ma plume câline…

~~~~~~~~~~

<div align="right">À Isabelle et Paul Duchesnay</div>

Sur la glace
glisse
une araignée
aux pas de gazelle.
Regard de feu sensuel.
Yeux de braises caressantes.
Enlacés élancés
dans leurs arabesques harmonieuses
que la tendresse avive et embrase.
Gracieux
et limpides.
Elles recréent la vie
en ciselant sur la froidure
oboles et paraboles
pétries de générosité swinguée.
Exaltante symphonie rythmée par les vivats.
Exubérante chorégraphie qui vole entre les gradins.
A l'heure où "Missing" retentit
des regards séduits retiennent leur souffle
sur la glace
glissent
deux gazelles
effervescentes.

~~~~~~~~~~

La boule de feu s'est levée
sur ma peine
trop chaude trop claire
pour plaire à mes maux insidieux

8

éteins les persiennes
me cacher sous le voile opaque
des ombres nocturnes
m'enfuir dans le silence du sommeil
mais les rêves me confesseront
mais la vie continuera
une prière désespérée brasse la nuit
apaiser cette violence qui griffe mon âme
essorer cette déréliction qui opprime la raison
d'une prière engendrée par l'amour
au cœur clair au corps chaud…
le soleil s'est levé
ton corps chaleureux aussi
et ma peine m'interroge.

〜〜〜〜〜〜〜

Elle est partie
sur les routes
sinueuses et vallonnées.
Est-elle à Barr ou à Ottrott ?
A la rencontre de notre destin ?
Elle est partie
me manque déjà
avec son spleen et sa joie.
S'en est allée
par les chemins
fatiguée.
Elle qui est à la croisée d'elle-même
roule sur les vagues de bitume
à la recherche d'un autre nous-mêmes :
un havre de paix
une aire d'amour
où épanouir nos âmes
en mal de Lumière Infinie.
Coups de fil
au creux d'une cabine
ouverte au tout-venant
coup de cœur
jalonnent son odyssée
dans son destrier cabossé

perles d'amour
oblitérées par sa voix qui rit
d'un coin de rue d'une place nuageuse.
Elle est partie
je l'attends
Je l'aime
je l'âme
l'hirondelle de ma vie.

~~~~~~~~~~~~~~

Caresser la frange de son regard
lorsqu'elle goûte la vie
écorce la souciance des jours
épouse la grâce du temps…

Père
j'ai compris
chaque vie a sa voie
la mienne me démange
à l'horizon de ta Joie
au seuil de l'esprit au cœur de l'âme.
Immenses sapins sombres et charnus
irisés du vert renaissant
clair presque diaphane
d'arbres au sortir du sommeil
coiffés de feuilles menues qui s'étirent encore
et du blanc lumineux fringant
de pommiers ou de cerisiers en fleurs
chahutés par un vent rugueux
sous un ciel obstrué
de nuées grises indécises
dans les prés
les primevères s'essoufflent déjà
fatiguées malgré leur allure solaire
quand le lilas se déploie
c'est la saison de l'éphémère qui flamboie
sur les cimes paisibles
à l'orée de l'éternel dans une aura spirituelle
dort un cimetière de guerriers
près d'un troupeau de chevaux
~~~~~~~~~~~~~~

qui paissent la quiétude du temps
sur le fil de l'insondable
où la mort n'existe pas
journée de printemps ordinaire …
à la rencontre de ma voie
celle d'un Vésuve qui cherche la Sagesse
dans le miroir de Dieu.

Caresser la frange de tes yeux
l'essence de ton Être
pour habiter le Silence…
enfin !

~~~~~~~~~~

Être
et ne plus savoir qui l'on est
aller
et ne plus savoir où l'on va
souffrir
et ne plus savoir pourquoi

pourquoi tout ce magma convulsif
ce mal qui ronge
silencieux et impudique
comme un bienfait
hésitant et pudique
et la violence qui monte indécise
et m'étouffe
comme des touffes de liseron

je me sens sauvage
en ces jours de disettes interminables

sauvage !
~~~~~~~~~~

LIBELLULE

Libellule
tu funambules sur mon cœur
sous le clair de terre tu me fabules
des bonheurs
et sous le clair de lune tu me tisses
des lueurs
     de libellule

qui funambule dans mon cœur

pendant qu'au
clair d'ailleurs j'articule
tes mystères
au clair de toujours je déambule
sur ta chair
de libellule
qui funambule mes vers

AUTOMNE

Apothéose de couleurs
avant que la vie ne se replie
tandis que sur mon lit
je caresse le rêve de déplisser mes ailes
pour aller caresser la vie

apothéose de ferveur
où main dans la main nous irons
par les chemins
respirer le parfum des arbres en pleurs
le bonheur de renaître...

ÉCLIPSE

La douce chaleur de ton corps
soulève en moi
des rêves évanouis

comment regarder au dehors
le jour qui s'épanouit
derrière ces vitres
limites de mes pas

et dans la quiétude de ton corps
renaît peu à peu
une braise oubliée

tandis qu'au dehors
le jour reluit
derrière ces vitres éblouies
qui brident mes évasions

et du dialogue qui unit
nos cœurs endoloris
soudain éclosent des reflets de vie

un univers se lève au-dedans
alors que le jour se couche au dehors

est-ce un coin de bonheur qui se dévoile
demain nous nous évaderons mon amour

loin de ces vitres abolies.

"Kiffa" se désespère
au firmament du devenir
poussières d'étoiles pleurées
sur l'oreiller des jours de spleen
triste désespérance
que désespérer de soi-même

"Kiffa" vibre
dans son auréole boréale

d'une déchirante complainte
profonde lassitude
montée du fond des mémoires oubliées
et de cet instant qui semble stagner sans sollicitude

Sous l'intuition tendre
plein de "mittleid"
d'un "Déneb" désœuvré
de ne s'épanouir
sur la croix de l'horizon…

POURQUOI LES POÈTES SE SONT TUS ?

Silence je panse
dit l'obèse qui avale sa pitance

Silence je panse
dit l'éditeur qui soigne ses dépenses

Silence je pense
dit l'élève qui rêve de ses vacances

Silence je pionce
dit le chat devant le feu qui danse

Mais je ne veux pas me taire
hurle le poète en manque de vers

On l'a donc mis en terre
et depuis quel silence !

~~~~~~~~~~

À Deva Papus

Sous le chêne de Brocéliande
Merlin méditait
en déambulant au cœur de l'Infini
d'étoile en étoile
tout en guérissant un faon blessé
~~~~~~~~~~

d'un regard plein de compassion

le chêne lui susurrait
il l'écoutait lui répondait
le harcelait
interminable dialogue
d'esprit à esprit
de voix à voix
dans une silencieuse Transcendance
chlorophyllisée
Paroles de sagesse
profondes
de ceux qui savent
que le Graal
est en eux

Se réaliser chêne
Père
dans l'âme
dans l'esprit
Père
chêne
paisible et serein
mûrissant face à votre Lumière

sur l'horizon le soleil s'estompait
avec dévotion
Caerleon l'attendait…

~~~~~~~~~~~~~~~

L'urgence du bonheur
souffle dans ma tête
une tempête de joie brodée d'une myriade de mots
tes lèvres brûlantes et cajoleuses
                    sur
ma bouche ravie
          se sont posées
comme un papillon sur une rose
doux amour bel amour
un baiser de toi
~~~~~~~~~~~~~~~

enfante mon être
d'une paix divine
bel amour doux amour
maintenant que je sais
que le bonheur est
dans ton allégresse labiale
avec la complicité de ma plume gourmande
j'en implore encore un
un seul
jusqu'à demain !

TURQUOISE

L'aurore à l'aube succède
prémices d'un nouveau jour

nos humanités unies
embrassent la fleur

pétales éphémères qu'effeuillent le temps
révélant le mystère de nos synchromies

sur l'horizon apaisé de nos mémoires d'avenir
circule l'écho d'un amour dépouillé

Regards
de nos vies qui se reflètent dans le miroir de nos
éphémérides

                                        extasiées
de nos âmes qui s'éclairent dans le profond Silence de
l'Eternité

Silence.

Au dessus d'un lit de nénuphars...
La lune médite...

LE CŒUR HAGARD

À mon amour, à Ghab

Quel est ce flou qui ombrage ma mémoire ?
Mes mains rabougries voudraient conter une histoire
que j'ai déjà oubliée pour l'avoir trop vécue
et s'élever vers les cieux
pour y déceler un peu d'espoir
quelles sont ces larmes qui constellent ma mémoire ?
Réminiscence de souffrances égarées
je t'aime à oublier cette douleur
qui me taraude pour m'élever
quelle est cette prière qui tapisse ma mémoire ?
Et chahute mes sens navrés
ton corps est un port de quiétude
où j'aimerais nider mon immaturité
pleine du regret
de ne savoir t'aimer
quel est ce désir qui brise ma mémoire ?
Et déconcerte mon âme
qui me dira la souffrance des sens
suis-je rongé de vie ou malade de mort ?
je l'ignore j'ai tout oublié
si ce n'est que je t'aime
d'un amour qui apaise ma mémoire.

<div align="center">~~~~~~~~~~</div>

Une fleur éclot
Un cœur bat
Un corps se prélasse
Dans la frondaison du firmament un voile de nuages... le soleil
et la lune...

Deux astres gravitent
Le silence sourit
La vie s'apprend

GAMBADE

Une jambe effilée
qui file
sous un regard troubadour
qui glisse
sur le grain doré
qui lègue
des phantasmes
qui plissent
un désir d'étreinte
qui nourrit
des rêves mutiques
qui enjambent la morosité

mais la jambe s'égaie
et à pas léger
quitte mon regard
esseulé !

~~~~~~~~~~

Ma plume voltige
des pétales insatiables
l'amour est un jardin sauvage
que je parcours avec délice
pour y cueillir ta fleur intense
et solitaire
dans le silence de mon cœur endolori
par les parfums qu'elle exhale
en ce jardin impénétrable
de l'amour que je sème
au vent de vos mémoires

~~~~~~~~~~

Alternative amour
au seuil du désespoir
alors que le corps ballant
ne s'interroge plus

l'esprit ballonné
par des vertiges amers

Alternative amour
pour suivre le Sentier Lumineux
dans un bonheur alternatif et exigeant
chevauchant un horizon de feu
entre tes mains qui redessinent
mon être
par touches subtiles et acérées

Alternative amour
bonjour la vie
je t'aime
regard bleu âme limpide
de transcender ma précarité
dans le silence immobile
des jours incessants
entre ton cœur mobile
et mon corps rêveur...

BRUMES

Il était une fois un
chatoiement de pierre de lune

Être la flamme
de son feu
l'espoir de sa flamme
à l'instant où
la cime et le nuage
se fondent
caressés par le vent de l'extase

désœuvré
en moi-même
phase atone
grisaille de la transition
où un silence morne
silence en trompe-l'œil cloqué de désirs végétatifs

cherche le Numineux
le Lumineux Silence

Le drapé joyeux
de nos écoutes conjuguées
interpelle le bonheur
que j'espère...

avec
tes pois de senteur
pareilles aux aurores toujours émues même sous des boursouflures
grisâtres
que mes papilles fantasment avec une indicible alacrité

sur ta pampa moelleuse
où j'embrasse mes rêves d'osmose
incarnés par ta grâce désirante
lorsqu'elle se glisse de toute sa hauteur
contre moi
et s'épanouit

pour nous épouser
d'une effervescence unanime
fulgurance éphémère
flamboiement partagé

- illusoire ?
fécond ? -

entre
tes bras affectueux
qui enlace l'espérance
d'un cœur chevrotant

j'appréhende la vie
et l'Amour
au fil d'un temps où s'inscrit
notre Eternité

Quand pourrons-nous... ?
Quand oserai-je... ?

Quand sauras-tu... ?
Ne plus craindre la foudre...
Ne plus fuir la source...
Quand... ?

Lorsque cessera la transhumance
s'émancipera la peur d'être engloutis
par l'oubli ou la destruction

tangage de l'esprit
en quête de la Fève de l'Etre
sentiment de vide
aspecté par l'ombre et la Lumière

la Transcendance est un fruit
que seul mûrit le vol des saisons

et

Chêne au cœur d'orchidée
Chat au cœur de cristal

DÉNEB

Il est venu
comme une étoile filante

le poils malicieux
le regard tendre

sur le bitume résonne sa souffrance
en nous s'étonne l'absence

il est venu
comme on s'invite
nonchalamment irrésistible

promenant
sa câline indépendance
dans le ciel de notre amour

blanche et rousse connivence
qui caresse une humble plénitude

il est parti
comme une étoile filante

dans le firmament brille son silence
en nous mûrit sa présence.

<center>~~~~~~~~~~~</center>

Merci Mavi...

Fleurs d'amour

ma douce pierre de lune
à la beauté abstraite

ma chaude Perle d'albâtre
qui vagabonde de feuille en feuille
sur la fuite du temps

doux plaisir à contempler l'éclipse de ton corps
quand il projette ses orbes
par l'Horizon de nos nuits drapées

de tendresse et de complicité
d'épures caressantes et de fougues liesses

je vénère ton corps comme on vénère l'éphémère
d'une exubérance spontanée d'une plénitude séduite
comme on vénère l'Eternel aussi

Eternité qui nous vit
et nous unit depuis l'aube des saisons
l'éveil du premier cri du premier regard ici-bas
première note plaquée sur la portée d'un Da Capo à deux
voix
muant en Harmonie profonde en Osmose infini

Fleurs d'amour

cœur de tendresse
à la quiète saveur printanière

mon intarissable source Spirituelle
aux vertus fertiles captives et captivantes
ma plénitude d'amour
qui apostrophe mon être nubile
par monts et par vaux existentiels

je t'adore
plein d'une humble gratitude
et la certitude exaltante
de n'être plus qu'Un
à l'instant de Lumière...

HUMILITÉ

Égaré
dans un halo de lumière
je cherchais des mots
pour libeller un adagio
compulsé d'impressions
fugaces et oppressantes
Comment dire l'ineffable
sans phrases cachectiques
l'aura d'une femme
impalpable
légère et brûlante
comme une flamme ?...
Dans un halo indifférent
les vers me fuyaient
pour peindre cette mystique
esquisser son mystère
qui captive mon être
proie reconnaissante de cette amazone singulière
fermant les yeux sur le halo goguenard
il est des essences que même
un poète ne peut révéler...
Souffrance !

CHRIST

À mes parents qui m'ont appris à croire en l'amour.

Sombre
jour
Il s'en est allé
sous les sanglots du temps
les plaintes du vent
cloué sur l'horizon
Il est parti
Fils de Lumière
sur l'aile pure d'un arc-en-ciel
Paternel

souffrances haines
drainées par l'orgueil d'une gent aléatoire
maux qui gémissent
dans nos mémoires dans nos regards

Est-ce le vent qui souffle
à mes oreilles à travers le temps infini
Ses peines et Ses Espoirs ?

La chair est une voie empruntée par l'âme qui vibre au son
du cœur

                        et de l'esprit
un esprit fiévreux de narcisses angoissés fibrilant au silence
des

                        heures qui filent

être

comment frôler le dépouillement
sans ce Silence en nous qui nous interpelle
habité de Son Amour ?

Silence au Verbe de Lumière

éveille le cœur de nos esprits aux Joies de l'Etre

vent d'Amour déferle sur nos mots
balaie nos ultimes réticences à l'humilité de l'éphémère

et sur l'horizon bleu de Son Regard
se lèvera une floraison de Sagesse
qui chantera notre Humanité

Noël
Éternellement.

PLÉNITUDE

Fleur de lotus
assise
en elle-même
effeuille l'ombre
qui voile sa Lumière

le silence l'habille
au rythme de son souffle mesuré
tout en elle s'ouvre
à l'Unité

un miroir contemple
le lotus qui fleurit
son âme qui rayonne
dans la pénombre d'une après-midi
paisible.
Ta bouche sur mes doigts
ébahis d'exister

au-delà de la mort la vie rit encore

un rire
sous tes lèvres câlines

qui éblouit mes doigts oubliés
dans leur léthargie résignée

un doux frisson
qui éveille des souvenirs embaumés

être un gerbe d'amour
entre tes doigts de vie.

HOMMAGE

Aragon
Baudelaire
Créent
Des
Ethers
Faseyante
Générosité
Horizons
Intarissables
Jubilatoires
Kamis
Louant
Mille
Nues
Ourlets
Poétiques
Que
Rime
Sans
Trêve
Une
Vitale
Walkyrie
Xylophonique
Yeux
Zestés...

BAILLEMENT

Un lit
grand frais
plongé dans la nuit
d'un calme opaque
allongé
instant liquide
raz de marée tendu et sonore qui s'évacue
soulagement sérénité
dormir
apesanteur affective
se recomposer
contre un corps chaud attendu
comme un réconfort
dormir
sans pulsations spéculatives
dans notre lit.

PROMENADE

À Elodie et Mathieu

Une poupée de chiffon rose dans une main
cheveux soleil au vent
regard bleu perdu dans une insondable limpidité
l'autre main posée sur l'accoudoir
elle marche
au rythme de mes roues
dans le silence frisquet
des faubourgs de l'hiver

réchauffé par sa lumière
je glisse sur les nuages
vers un bouquet de camomilles
que me tend une main au visage généreux

deux petites vies
habillent le ciel

de bleu

PLUTON

Que l'amour est dru
quand la peau est joyeuse

il se fond dans les nues
d'esprits qui infusent
de chairs intenses
en regards avides

effusions denses

où les sexes se confondent
et les corps s'évident

Vulcain me ronge
assis sur le volcan de mes ondes

je suis un brasier de poussières qui dansent

Est-ce le feu ondulant sur nos sens
qui purifiera l'aube terne de nos existences
ou une gerbe de sénescence qui brisera
l'essence unique et ultime de nos jours :
une foi d'amour ?

Je m'interroge.

ÉVEIL

Et de la Pentecôte de nos cœurs qui s'émerveillent
s'élève infiniment un Appel...

CRÉATION LUDIQUE

Mon esprit modèle
dans un voile charnel
une forme évanescente
éclat sensuel

qui parfume l'équarrissage
d'une âme en partance
dans un corps échoué

sous la quiétude du silence
j'habille l'absence
d'une femme
identique et multiple

et dans le mutisme de l'absence
je glisse vers le bonheur
loin de ma précarité

FLORALIE

J'aime l'éclat d'aubépine
De son mœlleux jardin en fleur,
J'aime le chant d'églantine
Quand son jardin rit le bonheur...

Mais que sont ces plaies de rose ?
D'où sont ces épines d'émois
qui désappointent l'osmose ?
L'amour est un lit de lilas,

Allons effeuiller la prose
de l'écume épanouie,
qu'exhale l'apothéose
d'un bouquet d'amour plein de vie.

CONJUGAISON VITALE

PASSÉ SIMPLE

Sur la toile apparut une tache
étoile perdue dans le firmament d'un espace livide
création virginale
qui entama sa prospection

IMPARFAIT

Le peintre remplissait cet espace rêche
soutenu par le monde étroit que composait sa toile
et l'étoile fulminait dans cet entrelacs bariolé
qui la bridait sans discernement

PRÉSENT

Je suis un funambule habité
par une étoile
dans un lit de bleu de vert et de jaune solaire
naît hors du temps un sentiment transcendant

FUTUR

Le funambule et l'étoile par-delà l'horizon
dans un espace sans limites ni raison
sereinement mystiques
s'uniront dans les strates d'un ailleurs pudique

Deux âmes sœurs vogueront sur l'onde
de leurs lumières à jamais réunies

ZAPPING

À Ghab, mon chemin de vérité

Quelle est cette vie qui m'a pris sans égards
un jour de froid et d'étaux

...

je vomis l'angoisse
par brassées de mots

...

raconte-moi l'amour qui submerge les êtres
telle une lumière absolue et abstraite

...

j'épanche mon cerveau de cabri frénétique
sautant de cauchemars en rêves et de rêves en convulsions

...

j'écris l'angoisse
par brassées de vers
qui se déchaînent
sur l'écran docile de ma mémoire
débitant mon émoi
en poèmes erratiques
pour apaiser ces plaies
qui m'aspirent à cheminer
sur l'horizon mauve de la sérénité

...

et dans le feu qui abrase mes ultimes réticences
éclot une fleur qui inspire le silence

...

la souffrance est un lit fertile
d'où s'élève évidence unanime
une femme amour

...

Toi

...

j'ai éteint
l'espace d'un baiser
l'écran de ma conscience
pour aimer et vivre ...
Vivre d'aimer

LE TEMPS RÉTRÉCI

Une petite fille se promène
entre ses livres et ses rêveries
elle sait
au tréfonds d'elle-même
qu'être femme
est une souffrance bohême
un bonheur aussi.

Une jeune fille se promène
entre sillons et sillages
elle ne sait plus
au tréfonds d'elle-même
elle a perdu le fil de ses illusions
dans un dégorgement poisseux...
de sentiments.

Une jeune femme se promène
entre étreinte et amour
que sait-elle
au tréfonds d'elle-même :
que l'étreinte est une déchirure
et l'amour un déchirement ?

Une femme se promène
entre solitude et plénitude
elle sait à jamais
au tréfonds de son être
qu'elle enfantera l'Homme
L'Éternité et le Plaisir
comme elle est née : dans la douleur.

Je me suis glissé dans le temps rétréci
pour élargir l'horizon de mon cœur
dans une implosion de bonheur
ma muse m'initie
j'écris.

PAIX

Mauve l'oiseau hirondelle mystique
s'élance
dans l'éternité d'une vie libérée
équilibre unique
d'une âme volant dans son corps
à l'esprit éthéré
mauve l'oiseau hirondelle symbolique
se fond
dans le noir pour méditer
à l'amour
dans un cortège de couleurs qui l'éclaire et l'élève
vers d'autres lumières sur d'autres courants

VOLUBILIS

Je pleure des mots
au fil du temps qui s'écoule
entre mes doigts qui s'étonnent
des mots par tétées

Oser l'ombre qui tonne
en moi
au fil du temps qui se dévide
les jours de clarté

j'écris
pour rire des mots
qui vous caressent
et me liessent...

ÉBAUCHE D'HOMME

Je vocifère mon impatience

                                    poissée de douleurs

d'être nu

                au fond de ma vie

qui me lancine par dépit
comme la douleur engendre les jours
ce cri que suit une longue inspiration
l'angoisse perle dans ma tête en rosée acerbe

Enfants pardonnez mon impatience
c'est ma douleur que je vocifère
celle de ne pas être.

~~~~~~~~~~~~~

geh in mein Gedicht

j'ai oublié les nuits blanches
qui enveloppaient nos absences
la grisaille déplorée
des saisons amères

yo te quiero

entre tes seins épanouis
l'amour s'humanise
tes yeux moirés d'une lumière naissante
caressent le Bonheur

you love me

Babel s'est tue
l'heure est venue
où sur l'horizon éclos
~~~~~~~~~~~~~

le son du silence[1] peut s'élever

Sur le toit de ma mémoire
tombe la neige
en ouate cristalline

s'appesantit sur les vestiges
d'un passé révolu
qui n'en finit plus de fondre

sur la blancheur éblouissante
glisse mon regard

vers un horizon inconnu
transpire l'hiver
qui régénère nos cœurs
et nos corps fourbus

le printemps viendra
lumineux et serein
en flocons de fleurs

que je t'offrirai par brassées
d'amour.

JE CROIS BIEN QUE JE T'AIME

Des seins d'ambre et de lumière
étoilent un corps diaphane
qui égrène la vie
au rythme de ses pas dansés

ses rondeurs altières
propulsent des rêves charnus
sur deux rétines affolées

et dans le sourire

---

[1] Emprunté à un essai intitulé : "Le son du silence", de K. Graf-Dürkheim.

qui l'égaie se lit
un bonheur millésime

un amour fruité
que feuillette son regard
léger comme des feuilles d'automne
au teint d'arc-en-ciel...

ET J'EN SUIS HEUREUX
GRAND OEUVRE

Mon âme est enrhumée

le vent souffle dans sa tête
depuis si longtemps

comment arrêter cette tempête
déambulatoire et oppressée
d'affabulations chaotiques
encalminées dans des vestiges foireux

mon âme est opprimée

je n'aspire qu'au vide
pour lui offrir un espace de sérénité

araser ce Moi litigieux
qui l'encombre
pour créer le silence
sur un nid de colombe

et goûter le Chant de l'Univers
qui monte...
et féconde un imperceptible Soi.

TRANSPARENCE

Recréer l'amour

sans honte ni crainte
sans violence ni vilenie

s'aimer d'humilité
s'apprivoiser de désir
s'orgasmer en pleine lumière

loin des feux dogmatiques
qui imprègnent nos mémoires trépanées
se regarder avec indulgence
pour mieux se reconnaître
dans l'aube épurée
des hérésies trépassées.

J'ai toujours su
je crois
que je t'aimerai

À mon premier souffle je t'ai crié
suffoqué par ton absence
pétrifié de subir une si longue attente

Tant de mois d'années
à scruter des images à fouiller des visages
tout ce temps passé
à feuilleter des amours qui te ressemblaient
un peu

J'ignorais ton apparence mais l'amour me guidait
jusqu'à cette nuit sombre et étrange
où tu me rejoignis
le clair-obscur nous unit à jamais.

LUNE SOLAIRE

> À ma muse lunaire qui réchauffe mes mots

Éclatant
aparté de nos corps
dans l'alcôve feutrée
de tes reins tango

mouvances nacrées
sur l'onde tendre
de nos désirs androgynes.

Il fait bon être bordé
par ce lac pourpre
quand l'amour distille
des nectars sereins

laisse mon orient
éphémère s'égarer
dans l'ombre lunaire
des saveurs d'alcôve...

SIDA AFFECTIF

À Bogota ou à Manille
À Port au Prince ou à Rio
des guenilles pleines de vie
courent dans la boue de leur soleil
des âmes venues de nulle-part se perdent dans l'indifférence
mangeant nos superflus pour narguer le destin
qui voudrait qu'ils disparaissent dans l'oubli
de nos mémoires amnésiques
Mais les regards de feu dardent la joie
malgré tout
sur des décharges luxuriantes
Les images chahutent l'écran cathodique giflées
de Bogota ou de Rio
de Port au Prince ou de Manille
quelle importance !

Crachin d'automne
sur des épaules plissées
transperce l'étoffe de mes rêves perméables

rêves d'été vagabonds et casaniers
que bride une brume imperméable

Quels sont ces maux qui nous stagnent ?

Le bonheur a des saveurs d'édredon
les jours de diète sentimentale
sous un crachin d'automne
embrumé.

NÉGRITUDE

Être noir
pour comprendre
les fêlures qui m'agitent
douce négritude
rencontrée au détour du temps
dans le sillage d'une vie étrangère
profondément enracinée dans ma mémoire amnésique
mémoires de mon âme
ouvrez le chemin de ma voie
de notre souffle.
Si l'harmonie naît du chaos
comment transpercer l'ombre
qui me transit
les jours de convulsions ?
Habiter le temps
l'espace d'une vie
dans un corps éphémère
sans heurts ni craintes
sur l'onde du Désir
compris comme une prière
partagée apprise au fil des saisons
et des révoltes

comme le sage Mugabi à la cime de ses jours
être noir sans honte ni haine.
Pour proclamer pleinement
son amour…

VOIX

Il est des jours où l'amour
a des airs de parloir
on se voit s'entend
derrière la vitre compacte des défiances
mais on ne s'inspire plus
les sens tergiversent
les certitudes s'égarent

il est des jours où la vie
a des allures d'isoloir
chacun s'active
à trier ses asphyxies
s'atrophiant
dans des désespoirs
d'amour intarissable

il est des jours de quai de gare...

~~~~~~~~~~

À Yen Nouah

Capter
l'Enfant roi
le fils de Lumière
pleurant
sur nos misères
nos turbulences humaines
souffrances virulentes
le cœur l'âme l'esprit
désolés
regrets remords
~~~~~~~~~~

et s'ouvrir comprendre
l'absurde le futile
des égarements égotiques
lacérages mortifères
cirrhoses affectives

Mais pourquoi fallait-il
entendre tes pleurs
sanglots d'Amour infini
pour comprendre
pour s'humaniser
le cœur l'âme l'esprit ?

Pourquoi
faut-il faire souffrir
Ceux qu'on béatifie
pour mûrir s'élever
sur le chemin de la vie
éclairée
par leur Lumière ?

Merci Amour incarné. PARENTHÈSE ?

Le temps expire
en spasmes déliquescents

la tendresse transpire ses derniers soubresauts

l'amour est moribond

deux cœurs se mutilent dans un monde d'ego

ici bas
on ne s'aime pas sans conditions

l'autre est un miroir
où suinte ses défauts à n'en plus finir

au fond de regards sans indulgence
soudain pourrissent des êtres putrides
sordides crépuscules

d'êtres liés sans rémission
qui fouaillent l'horizon bancal
de leur amour insoumis

la vie n'est guère complaisante
l'horloge avance sourde
à la dyspnée des cœurs
sur le sentier du temps

deux corps rigides aspirent à la lumière

leurs mains convergent ...

GAB

À Gab

Dans sa gabardine grenat
douce "gabière" rose
vogue sur une gabare bleue
esquivant la gabelle du temps.

De notre gabion frêle
je te suis par la gâble
ouverte sur ton galbe
"sarier" d'étoffes vertes.

La passion n'est que gabbro
qui s'effrite aux vents de l'habitude
gabegie des sens au feu des sentiments
chagrinés par une volée d'effusions rouges.

Sur le socle du présent
nul ne peut gabarier l'amour
qui compose une ode plurielle
où se désaltèrent nos cœurs mauves.

Dans sa gabardine chair
tendre vague tourmaline

vogue sur la voie laiteuse
de nos vies safranées

épanouies comme cieux et monts
sur l'horizon à l'heure
où aurore et crépuscule flamboient
dans une apothéose de Joie.

~~~~~~~~~~

Je t'aime

Il est des moments
où je suis mal heureux
vaguement
quotidien figé
sentiments fades
éveils fatigués

pourtant

la plénitude est devant les yeux
la lumière au fond du cœur
la vérité au creux de l'esprit
le bonheur dans l'Ame
la vie à la source des sens
l'Ardeur au feu de l'Amour

mais

il est des moments
où rien ne va
tout se dilue
s'appesantit
en vains conflits
en isolement extrême

des jours ternes
de non-être
où l'on s'empâte la vie
tristement
~~~~~~~~~~

ballot de chair insane qui cherche une main un sourire un
Signe Céleste
maladroitement

car

l'Espérance tressaille
sous un désespoir trépignant comme un caprice immature
et se désaltère d'amour heureux
sur la tendre épaule de Ghab
entre les bras compatissants
de l'Ultime Lumière

SÈVE

À Salomon

Ma blanche Sulamite
ma floraison captive
sensuel cantique
par toi s'exhale
sur la frondaison de nos corps
antiques comme nos mémoires
des joies héliocentriques
aux senteurs de myrrhe rêveuse…

Sur la table
un bouquet de roses
couleur de sang et de soleil
éclatants.

Éclore à tes baisers mandragore
accueillir la fronde écarlate
de tes fougères incarnat
glisser sur la sente soyeuse
de nos contrées affranchies
et nous fondre dans l'onde
tiède de ton jardin épanoui
caressés par un brin d'encens…

Sur la table

un bouquet de roses
flamboiement d'aurore
extasié.

RECONNAISSANCE

Entre Villon et Verlaine
Apollinaire et Rimbaud
Aragon et Prévert
Alexandre et Cocteau

Entre ton corps et ton cœur
Ton square d'écumes et tes baies lactées
Ton regard d'horizon et ta parole suspendue
Ta pensée-tendresse et ton âme fluide

Mes mots frissonnent d'amour
Infiniment

ACCORDÉ ON

Corde
suspendue entre ciel et terre
entre toi et moi
une corde
balbutie encore des souffrances
sous-tend des émotions
indicibles
vulnérables et morbides
tu ne t'aimais pas je m'aimais si peu
la corde
a tranché d'une fuite irréversible

j'ai tout oublié

Je t'implore Lumière Infinie
délie nous de nos maux désincarnés

les jours qui vacillent
de nos mémoires occultes
        la corde
        resurgit
comme une souffrance mal cicatrisée

Nous tressera-t-elle un horizon de sourires harmonieux ?
Un plain-chant lumineux.

SAVOIR

Si tu savais
l'éclat de tes yeux
au petit matin
pétillant d'un feu exquis
qui rebondit infiniment limpide sur ma rétine éprise

Si tu savais
les couleurs de ton âme
ses parfums d'Eternité
qui effleurent la vérité profonde
et révèlent l'essence infinie de l'amour

Si tu savais
la tendresse de tes mots
la chaleur de tes gestes
l'amplitude de ton cœur
la pétulance de ton corps éphémère

Ah si tu savais
mon havre de certitudes
fragiles

Mon humaine lumière
je sais que tu sauras

Ton aura résonnera d'un écho vert
que mes lèvres boiront
délivrées de l'antre du temps
et

sur le lit que nous partageons
s'éveilleront des mots et des élans innombrables
des sentiments animés
d'absolu

SAMSARAS

Il est des souffrances indicibles
qu'on ne partage qu'à deux
dans la pudeur d'une alcôve meurtrie
par des maux intimes qui blessent l'amour
comme l'ombre oppresse la lumière

lumière de mes jours d'espoir
quel est ce nodule qui opprime ton cœur
ces virulents relents venus d'ailleurs ?

Quand soudain le miroir se brise
en une myriade de fleurs nubiles
qui habille le temps d'un effluve lucide

dans l'alcôve éclose à l'opaline fluviale
de juvéniles météorites en extase
aspectent les échos voluptueux
d'une lune qui éclipse l'obscurité
comme la lumière dissous l'ombre.

Est-ce l'heure du silence intérieur
des saisons harmonieuses
qui élèvent nos cœurs ?

REGARDS

À Gab

Il est des moments où je me vois tenir ton visage laiteux entre
mes frêles mains, caresser l'arpège de ta chevelure désinvolte,
effeuiller ta nuque à la pudeur soyeuse.
Ces jours-là, je suis astronome contemplant Vénus...

Contraint d'enlacer l'astre de ses jours du regard, d'une pupille attendrie, d'un bouquet d'iris éplorées.
Regard d'oiseau, au vol à jamais épinglé entre éphémère et Éternel. Regard qui explore l'horizon de toute chose, entre aurore et crépuscule. L'horizon de ta vie qui effleure mes yeux de promesses déliés.
Regard qui jaillit ou regard qui sanglote.
Regard solaire ou regard de brume.
Regard qui répond ou regard qui s'interroge. Sur sa propre précarité. Sur la vérité de l'être. Sur la Lumière qui nous vit.
Regard éperdu ou regard perdu. Qui bouge. Dans une mouvance pétrifiée. Qui enlace le temps à bras-le-corps.
Et maladroit, si maladroit, de ne savoir, que timidement, étreindre ta réalité, caresser tes cheveux, folâtrer ta nuque.
Maladresse d'une humanité mal exprimée _ mal comprise ?
Que mon regard soit et je serais.
Pour toi, ma Lune, il sera étreinte et caresse. Echo de tes gestes.
Et Saison après Saison, il prendra ta main.

CORPS ET AMES

À Khalil Gibran

       Préjuger de
l'essence de l'être
dans l'éclat de sa nudité

cascade charnelle
       habillée d'éther translucide
            qui se fond dans l'aurore
                et rayonne au crépuscule

en façonnant l'espace
de sa douce lumière naturelle

J'aime ces instants où
       tu te dévoiles
jetant d'un coup d'ailes tes plumes à la nuit
pour me rejoindre dans les draps de nos songes

et m'offrir le souffle de ton âme

J'aime ces moments où
          nos âmes se fondent
dans la tendresse d'une journée accomplie

Avant qu'une prière intérieure
          nous porte
sur l'onde d'un silence profond

~~~~~~~~~~

Bleu orange rouge vert

blanc

l'amour
est un chant de couleurs
qui s'harmonisent
au tissu des jours
à la palette des sentiments

virant au gris ou au noir
les jours de désespoirs
les nuits de déchirures

vert rouge jaune bleu

roses

qu'inspirent
l'ardeur du regard et l'émoi des sens
dans une oraison de tendre passion
que tisse une sonate sensuelle
où émerge l'écume de l'éphémère

Que serait mon regard sans le tien
mon âme sans ta lumière
Une vaine et muette rodomontade.

Bleu rouge vert azalée

auprès de toi je suis.
~~~~~~~~~~

Amour
à mourir
l'âme ourlée
de Désir

pétales de liesse

dans l'échancrure fruitée
j'ai affleuré l'aval cœur...

saveur évasée
amour lavandé

<< Ta main ressemble à un petit oiseau
aux ailes repliées >> me dit-elle

un oiseau en quête d'incarnation
cloîtré dans son séquoia rupestre

don
abandon
nidation

j'aime le sourire de tes yeux
quand ton regard est caresses

rivage spatial
échos entrelacés
de gammes confluentes

j'apprends à vivre
entre tes bras

~~~~~~~~~~

<div align="right">À Mavi</div>

Un jour
une Éternité plutôt
~~~~~~~~~~

nous contemplerons un clair de terre
en écoutant le chant des étoiles
assis près d'un cèdre cosmique

j'ai rencontré un Frère
battement de cœur
venu de l'intérieur...
de l'Infini
comme une main tendue
une caresse Divine

Un jour
je sais
la voie lactée de notre Bonheur
résonnera sur la plaine Céleste

et

en attendant un nouveau voyage ou une autre initiation
nous conjuguerons l'Amour à l'infini
portés par la Lumière Paternelle

Frère d'âme je t'aime !

joyeuse Lumière complice
de mes jours incarnés

TEMPS

Tant va le taon au temps qu'il en chavire.
Tango, dansons à contre-temps avant que le temps ne nous arrête. Arête de poisson... d'avril ou de la crête de nos cœurs... intemporels. Défilent les nuages de l'âge, le temps n'a pas d'emprise sur l'amour qui nous grise.
L'Arbre de vie nous berce d'une allègre connivence ou... d'impétueux orages, tandis que la brise de nos soupirs attendris bise nos regards alanguis et braise la ramée de nos sens lacés.
Demain est une prière, l'éternité un Credo, que nous égrenons main dans la main, que nous méditons cœur à cœur, portés par les bras du temps infini.

Demain sera une Prière...
Dès que le centaure hypocondriaque ne se focalisera plus sur ses mots de phoque suffoqué par l'angoisse poissée qui croise sans cesse des croassements mentaux.
Moisson des cœurs en marche quel temps fait-il au fond de moi ? Aujourd'hui est un irréductible appel d'âme.
Pour que demain soit...
Un éternel credo.

BOUQUET D'AMITIÉ

À Dan'

Quel est ce regret qui voile tes yeux sous tes cheveux mousseux ?
Quelle est cette brisure qui interroge ton cœur dans les étoiles ?
Quel est cet écho qu'effluve ton âme en partance pour l'éternité de toute chose, pour la profondeur de ton ciel de vie ?
Quelle est cette pudeur qui excuse tes mots, ton sourire, en quête de certitudes intérieures et d'assentiments d'amour ?
Quel est cet appel, cette question suprême qui plombe ta voix et diaphane ton visage d'Astarté ?
Je te voudrais forte et sereine, tu es fragile et vulnérable.
Et moi qui ne suis rien, ou si peu, tu me tendres, tu me phares, au fil de nos ondées volubiles.
Tu es grande ! Le sais-tu ? Et pourtant, la graine n'est qu'en germination... Le sais-tu ?
Tu cherches ton reflet, ta voie, dans la sarabande des astres qui brillent au firmament de tes saisons alluviales ; et en toi Nath veille, attendant ce jour aspecté de joie et de paix indélébile où sa lumière t'élèvera à l'infini.
Éperdue, sur un banc, tu méditeras le bleu ininterrompu de l'Amour.

Quel est ce ciel qui m'interpelle
bleu-gris gris-bleuté

morne quoi
froidement morne

temps de désenchantement
de cœur fade

toujours ces pleurs du large
lointains
et les attelles
existentielles
qui ne lâchent pas
geignant leur désespérance d'être

tu dors
et je bruine
sur l'ego de la lumière
sur l'étau de l'obscurité

le forsythia décolore

j'implore le Ciel

tu dors
et je bruine
mais l'amour vibre encore
mais l'amour rit toujours

la vie est une toile que file le temps
que tisse nos regards portés vers demain

épure !

~~~~~~~~~~

Tu es mon souffle tu es mon guide
tu es ma faim tu es ma soif
tu es mes joies tu es mes larmes
tu es mes mains tu es mes pas
tu es le soir et le matin d'une vie qui se réalise
au fil de ton cœur de fée qui me symbolise
~~~~~~~~~~

entre tes bras peu à peu
mon âme déplisse ses ailes
un jour elle enlacera tes peines
et dessinera sur tes lèvres
un bonheur éternel

SOUL

J'ai vu un "rapace"
au-dessus des nuages

ailes d'or
bec azalée

un aigle
aux serres bleues

qui inspire la manne
et magnétise le charme

corps de feu
regard de lumière

j'ai vu un aigle
près de mon visage

céleste amour
au soleil

                       voluptueux.

REGARD

Je te regardais

visage diaphane
mèches rebelles
regard profond

sondant l'infini

écho d'amour
voile de lumière
aura de sagesse

émergeant de l'être

Comment dire
cet instant inaccessible
cette beauté pure
où l'âme exprime la vie
le temps d'un soupir d'un silence exaltant

 je te regardais

au seuil d'une extase
entre-déchirée par l'idée de ton envol
l'angoisse d'un horizon fade sans toi

flamme souveraine
fusion éphémère

Et tu es partie...

SEXTETTE

À Mavi, Lied et Ganishah

Sextette
au soleil
les notes s'égrènent
entre corps et Lumière
entre éphémère et Éternel

agrandir les portes de l'amour
apaiser les pleurs des cœurs

et des corps fatigués

dans une communion complice
et joyeuse
portée par une humanité totale
et une Céleste plénitude
qui s'épanouissent
au clair de la Lumière

~~~~~~~~~~

J'adore ses boutons d'or
au clair
de mes yeux
chantant une tendre harmonie
belle comme la vie

J'aime ses boutons d'or
à la frange
de mes lèvres
frissonnant au souffle
d'arpèges ludiques

et je me dis que la beauté est Contemplation
et je me dis que l'amour est Lumière

~~~~~~~~~~

Angoisse qui nous pétrit
"épuisement" qui nous déflagre

qui êtes-Vous ? d'où venez-Vous ?

prostrant l'amour dans un brouillard d'amertume
de solitude dévastée un abîme de convulsions
labour moral
sirocco mental

les Jardins de Babylone sont en friches

fragile humanité

humaine déchirure

épuisante servitude
que celle de la maturation

il est des jours qui trébuchent
où l'ombre voile les cœurs

mais s'aimer toujours
se compléter encore ?

MORAL

J'ai
mal
mal à l'être
mal à l'indéfini
Je déambule en mes états d'esprit oppressés et opprimants
comme dans un labyrinthe sans issue, issue morale, moralité
: moral alité, anémié, élimé. J'ai perdu le fil... de mon horizon.
Horizon bavard, horizon buvard. Quel est ce Minotaure qui
me déprime ?
Être est une quête.
Mais suis-je ?
Angoissant le non-être, le disparaître, le flou-être.
Et angoisse je suis.
Être sans savoir ce que l'on est...
Être sans savoir où l'on va...
Et croire, profondément, n'être que par la foi d'être, tout
simplement.
La tourmente tourneboule ma boule de cristal : « Aujourd'hui
qui es-tu ? », « Turlututu ? », « T'as perdu ».
Mes yeux pleins d'ecchymoses se posent sur ton humeur
morose de prose essoufflée par l'étreinte rédhibitoire du
temps.
Et le temps patient attend que se délacent les traces de ce
tourment initiatique.
Initial Amour.
Unité Suprême.
J'ai

chaud
chaud à l'être
chaud au Bonheur

~~~~~~~~~~

J'implore la Joie dans ma tête
où pustule une angoisse qui me défait
j'aimerais que cesse cette rengaine
qui m'oppresse le quotidien
l'amour et l'âme

Mon amour
sauve-moi
de cette antre maligne
qui détresse ma vie
importune mon corps

J'implore le silence dans mon être
pour qu'éclose la lumière
la lumière qui me vit
et initie mon cœur
à l'éternité de toute chose

~~~~~~~~~~

Quel est cet étalon de feu
ce cheval fougueux
qui piaffe sa vie
en ruades belliqueuses
en effusions extrêmes ?

Quelle est cette âme qui s'évide
fuyant le silence des jours
en affrontant l'être pétrifié
mutilé dans son esprit
et sa chair plaintive
pour aborder sa vérité lumière ?

Quelle est cette quête d'humanité
profonde et totale
ce voyage au sein des étoiles
qui insurge l'atrophie du Soi
brisant les apparences sans rémission
pour éclairer l'évanescente beauté
de l'Horizon qui nous conjugue ?

AQUARELLE

Aubes blanches et tics sacerdotaux en dupant la nature humaine vous avez atrophié l'Humanité.
Pourquoi ?

Si je pouvais peindre, je peindrais une femme couleur saphir ou pâle comme la lune un soir de pleine-lune. Je l'allongerais sur une dune, ouverte à l'extase, ou dans un pré, nidée dans le lit d'une ombre maternelle.
Une femme sans armes. Une femme plénitude qui s'abandonne à la vie. Une femme féminine. Un univers de dons.
Ce don que je n'ai pas.
Si ce n'est dans l'espace entre mes mots, dans la rondeur de mes vers, fragiles et aléatoires comme la vie qui engendre l'amour qui effleure l'Eternité.
Je la rejoindrais.
Sans bouclier ni couteau. Masculin, simplement. De cette masculinité que j'avais oubliée, négligée, niée à travers les siècles.
Ne plus brider nos êtres dans les ombres de nos angoisses.
Mais s'assembler. Virevoltant dans notre ciel intime comme deux hirondelles.
Osmose.
Sous un soleil androgyne, nous nous aimerons pleinement, éternellement.
Et nous quitterons la toile étriquée de nos regards pour vivre loin des remparts de l'esprit, sur l'horizon polyphonique d'un amour libéré.
Homme et femme.
Enfin.

Robes de bure, la nature, nourrit par l'amour, triomphe
toujours.
Inspirée par la Lumière Infinie.

FUSION

À mon Cadeau du Ciel

Entre deux rives-cœurs
coule la vie
drainant les alluvions
de l'amour

J'aimerais me pénétrer de toi

se disent-elles en sinuant vers l'Océan
de toute chose

j'aimerais me glisser dans le cours de ton être
vaguer dans le sillage de ton fleuve nu

j'aimerais me rapprocher de toi
me couler en toi

Et elles se fondirent dans l'Océan...

LUMIÈRE

Ton corps sur mon corps
ton âme en mon âme
et ton esprit vertical

qui fouille les étoiles

dépouiller l'extase
déployer l'amour
et conjuguer l'être

pour affleurer Toujours
Mots Cataboliques
d'un esprit en déroute
bouillonnent des infortunes
en une rengaine obtuse
qui broie des nuits insomniaques
et un amour déchirant

Mots Anabolisés
nés dans nos cœurs enlacés
tressent les scions de l'amour
en arpèges étonnés
qui dessinent le lit des jours
et créent un bouquet d'osmose

RENCONTRE

À Gab, mon aurore

Un regard s'est posé sur mon "autre".
Son regard. Plein d'amour et de silences douloureux. Plein de tendresse et de déchirements silencieux.
Mais la différence regimbe dans nos esprits récalcitrants, enkystés dans les chaos angoissés de l'enfance.
Et assombrit les échos chamarrés de son cœur.
Ô, ma perle de chair, ma lumière de novembre, chaque matin tu te lèves sur mes iris éplorés, chaque soir tu te couches sur mon horizon inerte, et les échos de nos écueils se brisent en vagues dissonantes et désespérées sur la plage éreintée d'une certitude indécise qui nous initie à la Vérité.
Mon amour de feu aux yeux bleus, je t'espère, heureuse, si heureuse au creux de notre sillon de vie, loin de nos radeaux d'infortunes.
Son regard s'est posé sur ma différence comme une promesse d'éternité.
Mais la psyché renâcle. L'inconscient rue, rage, ronge. Être est une quête. Une épure.
Qu'importe le temps, l'éternité nous berce.
Mon amour, j'aime l'aurore dans tes yeux.

STANCES AU CLERGÉ

Forteresses impénétrables
remparts de chair
rencognés dans la vie
loin des lumières de l'amour

> vides d'humanité
> abîmes crépusculaires
> engendrés par des ministres
> aveugles à la vérité occulte

qu'ils gèrent à coup d'étole
en encensant la vie qui éclos
d'insidieuses doctrines
de morbides culpabilités

> Forteresses impénétrables
> remparts de chair
> que sont devenus nos corps
> sous vos regards austères

regards intégristes
moralisateurs impies
sous vos jougs atrabilaires
l'Homme a égaré son Humanité

mais la vie est chair
    la chair est amour
        l'amour est fusion
            la fusion est Lumière

Et du fond de nos êtres, dénaturés par tant d'oppressions doctrinaires sous prétextes d'amour, la révolte gronde ; nos corps et nos cœurs ont faim de vie, nos âmes et nos esprits ont soif d'amour, mais d'amour véritable ; un amour total et divin qui nous éveillera à une Eternité de Lumière et non à une mort coupable. Tandis que de votre citadelle d'intransigeances moribondes, vous regarderez les forteresses impénétrables se dissoudre dans une source de Chair pur.

ÉLÉGIE SANS LENDEMAIN
(1999)

AU FUR ET À MESURE

Elle est loin Elle est belle
– de cette beauté infinie qui bruisse à travers les ondes
multiple et singulière –
Annamite au cœur de mangue
lute à l'âme blessée
Elle interroge les oracles du Ciel d'une voix frêle
et délicate
Elle tisse son mandala solaire
entre les feux de Troie et la sagesse du lotus
entre les canyons du Manitou et les rives du Bouddha
Elle sait l'humanité en toute chose
le prix du silence et le sang du temps qui passe
sous les arcs d'une vie en transit
Elle est humanité au fil des mots que fouille
l'émoi des maux
Elle est un point nodal où converge
l'Essence des sens
le nénuphar où se blottit
le chant du yoni
à l'aube de
l'Éternité

KARMA

Hélène ploie
sous le poids du parvis
la vie est un lavis
qui déploie ses ors
sous les pas d'une fille
devenue une femme
au sortir de l'enfance
comme une évidence
que danse l'ami
de pain

Hélène ne rompt point
sous le poids de l'hostie

Indochine Algérie
l'amour crève sous les coups de fusils
pendant que roucoulent
tourtereaux et tourterelles
et qu'une main aspecte un sein
dans un élan de vie
un grisou de tendresses
dans les yeux d'Hélène

L'amour est comme la vie
il se niche partout
le bonheur itou

AIGLE

La silhouette d'un oiseau
sur la cime du ciel
lance son appeau
vers cette âcre Terre
où stagnent des sédiments
d'âmes sédentaires
et poussiéreuses

C'est un aigle d'Azur
un Scorpion d'Améthyste
qui féconde l'à-venir
sur les décombres d'avant
c'est un chœur de libellules
enlacées dans une étreinte
vitale et incarnée

"Être ou ne pas être…"
la lucidité

CINÉMA

La folie d'Hamlet
n'est qu'une intelligence de la raison
quand la folie d'Ophélie
est un *te deum* de l'amour

Plan large zoom avant gros plan
un handicapé boite dans une boîte
à malices rugueuses
travelling arrière contre-plongée
une femme clappe d'une voix de velours
La vie à nu 10/1ère

Ophélie meurt sans rémission
pendant qu'Hamlet oublie la compassion
dans l'indifférence de la vengeance
et le fracas de toute engeance

Le montage suit la ligne de vie
un regard dessine le corps défait
et le corps blessé nourrit un regard
le générique peut se dérouler
le bonheur a ses limites
et la liberté un prix

MITE

Fils d'Aphrodite Amant de Vénus
je suis Priape et Quasimodo
Chatterley et Cyrano
la cour des Miracles en sorte
Ma langue rap
dès que l'esprit zappe sur le plaisir
Trouble désir troublant
de l'absence et du trop-plein
silence intolérable des regards pervers
sur l'altérité flamboyante d'un
corps subversif
Rage d'étreindre
volonté de peindre les soupirs
J'aime les femmes
                            une… deux…
j'aime des femmes et plus
j'aime en elles la vie qu'elles aiment en moi
j'aime la vie qu'elles me donnent

j'aime la profondeur de leurs émois
j'aime le son de leurs mains
le poids de leur cœur
                              ou de leur Chair
j'aime l'amour en somme
et le jeu subtil des sens
décousus

Mon luffa frétille

~~~~~~~~~~

Cocasses quiproquos
sceptiques quolibets
dans la baie d'Acapulco j'ai noyé mes mots
ils avaient trop mal au cœur
à force de se dire ils avaient perdu tout sens
commun des mortels
Sur le Pain de Sucre j'étais planté
homo gigote hétéro
et fier de l'être
l'homme est double
et la femme est multiple
Double salto avant renversé
par l'amour à tous vents
Quels sont ces rabat-joie insensés
que rien n'émeut
alors que la vie lutine les jours ?
Il n'y a que la différence
qui interpelle les âmes mort-nées
J'ai pris mon pied à flâner dans mes yeux
laisse mon corps reprendre ses esprits
et il te dira qui je suis
ou… qui tu es
l'amour
~~~~~~~~~~

Elle dort là-bas
                    Seule
          au bord du lit
le corps perclus
                    et nu
          comme la vie
elle dort aussi nue
                    que l'amour
            blessé il y a longtemps
le cœur gonflé
                    de vertus
          et d'ailes mordues
elle dort sans elle
                    la nuit tombée
          au bord des rêves
que l'esprit a dessinés
                    pour les yeux
          d'un saltimbanque
                              déglingué

BOUQUET D'AFFECTION

Alors le Verbe s'est fait lumière
Dans les yeux de Vermeer
une bougie a éclairé l'éclat d'un forsythia en feu
La vie n'est qu'un clair-obscur
dans la bouche d'un nénuphar
éploré d'amour éperdu
Le père dort et la mer attend les impairs
d'une existence en dents de chardon

Alors son corps a ri des larmes sucrées
Qu'importent le bruit et la brume
si la tête n'est qu'un doux champ de fleurs
émancipées en beauté
Et que m'importe le jour sans la nuit
le soleil sans la lune
et toi sans tes étoiles
J'aime la chaleur d'une chair qui

s'articule autour des mots
J'aime que le temps soit source d'espoir
le bonheur est une surprise
qui fleurit au détour d'une voix
Sais-tu que je te crois
l'un est l'essence de l'autre
à l'orée des sens
ouverts
sur l'Infini de toute âme

OISEAU

Le sein darde
de doux éloges d'amour
                    La femme-oiseau
                        Décolle
                    avec peine
            entre soupirs et alcool
            chagrins et farandole
Le sein largue
des tombeaux de souvenirs
                    La FEMME-oiseau
                        s'envole
                        loin
            des baisers qu'elle happe
            au vol de ses sourires
Le sein borde
des sillages de désirs
                    La femme-OISEAU
                        Plane
                        Par
                monts et par maux
            sens dessus dessous
Le sein drague
la drogue des élisions
                    La FEMME-OISEAU
                        Glane
                    des bouquets
                de larmes épanouies
                sur le lit de la nuit

Fugitive   une main arborescente   lisse la sphère
suprême   la saveur veloutée avec une ferveur   de
profane esthète   aux portes du désir nu
                      quand chante la lumière
                           de la vie
                sous le pont des aurores boréales

AU FEU

Entrelacs de toi
de toi à moi
sous un toit d'émois
chairs de femmes corps en flamme seins flamboyants
nénuphars ardents
l'extase est sur les dents
Les vulves valvent l'espace du regard
tels des baisers de lèvres confondues
dans un crépitement d'amours
homo d'où le phallus est omis
omission par effusion effusion de déflagrations déflagrations
par infraction
sous un entrelacs de moi
de moi à toi
par des émois sans toit
qui révèlent quoi
le multiple de la femme et le singulier de l'homme
mon corps d'homme mon âme de femme
mon cœur sans frontière et
mon désir plein de rires
sur l'horizon infini
où se lit le bonheur
de nos chœurs
épris de
vie
!

PÂQUES PEU ORTHODOXES

Le poisson dans l'œuf est monté
l'a tété jusqu'à la moelle
a frétillé tant et si bien
que sa semence s'est égouttée
sur le tapis de mémé
tapis persan tapis percé
où nous nous sommes livrés
à l'amour sur un fil
une corde raide à plaisir
dont le linge s'est envolé
pour mieux nous dénuder
nous évider jusqu'à l'âme
Poisson bancal dans le bocal
que c'est banal
un animaux deux animal
j'ai mal au dos c'est rigolo
d'être équilibriste sur des dominos
d'améthyste qui lutinent sur la piste
        aux émois

AVEU TRINITAIRE

Je suis trois hommes en un.
Celui que j'aurais dû être si… Celle que j'aurais voulu être si… Celui que j'aurais pu être si…
Errance de nos absences.
je suis trois êtres en mal d'Électre. Trois moi en mal de soi. Trois visages en mal de roi mage.
Élégance de la différence.
L'homme inné quête sa ritournelle. Sapho sonde son doux ego. Homo admet ses confus échos.
Évidence de nos silences.
L'homme s'élague dans le chaudron de l'altérité. Sapho bruisse sans mot et lisse ses oripeaux séduits par la tendresse. Homo est déconfit par la redondance veule des machos impuissants.
Confidence de réminiscences.

Je suis un cœur fervent d'amour et de vie, une âme tous
azimuts. La trinité du regard décompressé sous le tison de la
pérennité percluse. L'unité nue d'un clair-obscur assimilé.
Connivence de la tolérance.
Je suis l'infinitude. La synthèse d'un passé flou dans un futur
indécis sous l'évent d'un présent aléatoire, la fusion d'hier dans
le limon de demain par la source d'aujourd'hui. Je suis rien.
Je suis tout.
Mais qui suis-je après tout ?
La réincarnation de moi-même ? La désincarnation du vain ?
L'intemporel ?
Le reflux ? L'absolu ? Le dévolu ? Le révolu ?
L'éperdu ? L'étendu ? Le flux ?
Le temporel ?
Je suis le Désir avant tout

.

PRIÈRE D'AIMER

Le fruit de vos entrailles est serti
dans la conque d'un désir recueilli

Escargot de Bourgogne love ma limace fugace

Deux seins bulbent la passion à corps perdus
sur l'horizon gravide d'une comète distinguée
et grésillent telles des bonbonnes d'amour
sous un figuier de tourbillons étoilés
Femme-arpège homme-orchestre
le credo des cœurs à corps bruissent entre vos chairs
effervescentes et fluides de toréadors
à nu et à sang qui dansent la mise à feu

Escargot de vigogne baise ma corne d'abondance

Il harpe l'oraison d'un triangle dévolu
qui pianote sur l'espérance d'une dévotion
résolue il tangue et bande à brandon éperdu
l'œil plongé dans l'absolu limpide du rut
Elle est son jour elle est sa nuit elle est sa vie

75

sa figue chante sa bouche luit et suit
elle va le prendre elle va lui donner dans
les courbes de lignes croisées

Escargot de Gascogne pénètre-moi de ton désir d'aimer

Plante-moi dans le firmament d'un regard
qui noie le désarroi d'être nous par l'alcool
d'être toi rien que toi le temps d'une valse
effusion et un peu lui par évaporation
Fellationne-moi dans un enlacement de Vénus
j'ensemencerai ton Verbe d'une humble extase
les pieds ancrés dans les nues de ton âme
comme une main sur une saveur postérieure

Escargot de Bourgogne ouvre l'Eden de l'absence

Le fruit de vos entrailles est serti
dans la conque d'un désir recueilli

           QUI SUIS-JE POUR T'AIMER
           FEMME   ÉTERNITÉ
                  ?

GUEULES DE...
(1999)

Gueule cassée par le
Destin
corps brisé par le
venin
la vie est un
gadin
je hais les miroirs qui ricanent sans malice
les travers de ma disgrâce
je hais cette tronche déglinguée par les supplices
le chaos de mes oraisons
je ne suis qu'un cœur informe la vision d'une infortune
difforme
je ploie mais ne rond-point à l'amont de mon festin
je n'aime pas le brouillon que je suis
mal fait par un créateur soûl un démiurge fou un savant
distrait ou
    distroy
    qui sait
je ne suis que l'ébauche de moi-même
un homme sans atours ni agrès
je suis une âme sans apprêt ni regret
pourtant 1je vis
la rugosité de vos regards
l'ingratitude d'une existence trop pointue
les âpretés de mes silences
gueule cassée par le
destin
corps brisé par le
venin
la vie est un
gadin
Pourtant je vis
Bien ? Mal ?
Tant pis…

Elle a une gueule d'ange entre le paradis et l'enfer
elle est belle à damner un saint et à troubler Lucifer
elle est
elle est si sensuelle
si réelle
si chair charnelle
si regard intemporel
si folie irréelle
si Amour avec ailes
elle est le fer de mon feu
elle est le feu de mon faire
elle est le chœur irrationnel d'un chaos éternel
Elle a une gueule à bonheur entre abîme et ciel
J'ai la gueule en bouilli et le cœur ébloui
j'ai les sens à l'envers et le corps à l'endroit
j'ai
j'ai tant de joies
tant de dépits
tant d'amour et d'envies
tant de cris inconditionnels
tant de jours sans nuit
tant de vie avec elle
j'ai une âme au goût de figue
j'ai une fugue au goût d'âme
j'ai le bruit qui m'incommode et le silence qui m'accommode
J'ai l'horizon debout et le firmament couché

CASSE GUEULE

Je suis un trompe-l'œil
entre amour et linceul
orgasme et survie
le silence et la nuit
ton corps et mes doutes
je suis un hétéro sans bouillir et un homo sans rougir
j'enfante les mots et j'encule les regards
dans l'omission des soupirs et la récession des sourires
éperdu sous la voûte de ma solitude
Suis-je prépondérant à la vie ?
Je suis un trompe-la-mort

mais qui trompe qui dans le dédale
des ostracismes autarciques où
l'ennui bruine sur la soie des jours
et l'ego suinte entre les draps de l'oubli
je suis un *modus vivendi* qui rit et un *modus operandi* qui
croit
en l'amour qu'il déploie sous le pont des désirs
sais-tu que le bonheur est circonspect face aux tangages
incessants
quand les certitudes s'effilochent ?
Sommes-nous prépondérants à nous ?

<div align="center">~~~~~~~~~~</div>

Amour
collision de collusions
au débotté de la passion
aparté des cœurs aux confins du bonheur
libellé des corps à l'aube des saveurs
je sais que je t'aime encore sur le front
des jours
maussades et froids
quand la couleur engueule la tumeur
d'un spleen d'after-shave
d'aphtes quoi ?
Aphrodite plaide-moi
j'ai besoin d'y croire pour ne pas mourir
sans toit intempérant
la sagesse est dans la folie du désir
dans l'envie d'en rire toujours
pas dans le désespoir de l'ennui
ni sous le joug de l'amertume
je crois que la vie est un tam-tam
de chœurs en flamme
de sagacités d'amours et
de labeurs en fleur

GUEULETON

La lueur labiale d'un loup léonin
langue l'amont d'une lune d'airain
langueur glucide de deux lamantins
sur la glycine d'un lama levantin

Pré vert ou pré bleu
le soleil brille pour deux
au moins

Mais les poètes se bousculent
sous la charmille pleine de vers
et de liberté folle
que rime la déraison idoine

La vie est un suppositoire dérisoire
le prétoire d'un purgatoire aléatoire
c'est un purgatif attractif
le poncif jouissif de Sisyphe

Quelle gloire y a-t-il à prendre son pied
lorsqu'on est manchot du cœur
la vie est ailleurs que dans les bas-fonds
de circonvolutions écrues et conquérantes
Mais où est-elle
Dans la lumière du chaos

DÉGUEULASSE

Les dommages du temps
sont-ils un hommage de l'âme ?
Comment vieillir l'esprit à son zénith
loin de l'oisiveté d'un cerveau décati
et ronchon qui s'enlise dans la nuit ?
Dommage que le temps soit
si lancinant sur la table ingrate des jours
dressée pour une vie sans reddition
J'ai mal aux rides qui s'accumulent et

m'arthrosent les maux de l'âge
Je ne suis ni Sénèque ni Platon
je veux des hommages réjouissants
jusqu'à la fin des ans
je veux que la vie soit
une agape de saveurs alizarines
Mais que suis-je pour vouloir
une existence sans faille ni gadin ?
Un esprit chagrin ?

GUEULE D'AMOUR

Cendres d'amour
poussière de vie
disparaître à tout jamais
le corps sans grâce
qui a blessé la vue
le réduire en flamme
lui qui n'a été que drames
le rendre au néant
lui qui n'était rien
ou si peu
une ruine de misères
sur un bout de terre
un champ de tendresses
sous un ciel trop blême
je suis une détresse qui rit
et un bonheur qui pleure
pourtant j'aurais aimé la vie
comme on aime l'amour
sans regret ni détour

KABUKI

Poème primé par la NHK et illustré par Jacques Yankel (1920-2020)

Mon ikebana sous ta main
palpite des saveurs de chagrins

la vie est un chant de roses rouges
qui bat des mesures d'appassionato

Be bop à toi et moi

Ne serais-je qu'une tachycardie
qui brasse l'ennui des soirs
à la recherche d'une voie
en mal de soi naturel

Mon cœur je n'aime que toi

Le bonheur est une langueur
entre tes bras aux lueurs d'encre
qui bruissent des éclats purs
de sumi-e en joie

MONOTONIE

Une gueule enfarinée
se lève mange défèque
bosse mange bosse mange
s'affale se couche
au mieux baise au pire dort
se lève se douche bouffe défèque
bosse bouffe bosse bouffe
s'étale se couche
baise ou dort
se lève
ainsi va la vie
au mieux elle pense et lit
au pire elle s'ennuie et survit
dans le glauque cloaque des jours
que branle un festin d'amour
ou que traque une rumeur de plomb

L'orage s'éclate sous des nuages prognathes
il faut qu'on sache que je me fâche
lorsque l'amour s'empâte
le malheur est un sycophante des non-dits

Nos regards se pourfendent sous des cœurs simiesques
Circé sans pitié a dénudé l'animalité
pourtant reste un coin d'âme qui sourit
le malheur est un sycophante des non-dits

L'éclipse totale de nos deux sexes intriqués
allonge l'aval de nos désirs imbriqués
pendant qu'une mélopée nous écrit
le bonheur est un sybarite du temps et de l'oubli

DOUTE

Mon cœur est un fjord profond où bruisse l'étendue de mes
échos
je suis le ressac sans ressors de moi-même
je suis l'albatros et le guano
le fond et la forme
Mon cœur est un pertuis où s'engouffre des gueules-de-loup
je suis l'impur au fil de l'œil qui s'enlise
je suis la chair et l'esprit
la vérité et le mensonge
Mon corps est un estuaire où se perdent les regards
impotents
je suis une douleur prémonitoire
je suis le rire et la fatalité
le désir et l'ennui
Mon corps est un estuaire qu'érode une dégénérescence sans
gêne ni vie
je suis une ombre qui luit sous l'ennui
je suis l'horreur et la beauté
l'avide et la mort
Mon sexe est un cap qui plonge au cœur de son univers
je suis une déferlante de jouissances meurtries
je suis le rut et la perplexité
l'odyssée et l'anathème

Mon sexe est un cap conquis par le bécoteur exquis de sa
figue
je suis un frêle gland à la fenaison nue
je suis la braise et le repli
l'aurore et le crépuscule

~~~~~~~~~~~~~~

Que serait Priape sans Ésope
le glaive sans le bouclier
Que serait la Terre sans la Lune
l'avenir sans le passé
Que serait le monstre sans sa beauté
l'amour sans concessions
Que serait mon corps sans ta main
la guerre sans la paix
Que serait ma verge sans ta galaxie
le désir sans après
Que serait ton con sans ma bouche
la tendresse sans passion
Mon amour j'ai tant de questions
dans ma gueule cahotée
et si peu de réponses à me donner
J'aimerais téter la vie et tes seins

ODE À L'OMBRE DE MOI-MÊME

Ésope
ma vie n'est pas une fable
à la morale indécise
je suis une mangrove qui faseye d'amour
un tronc tordu et dégénéré
j'ai un corps dépité
une charpente à-pic faite de bric et de broc
Ésope
j'ai mal à l'apparence
la différence est lourde et la dépendance infinie
infiniment pesante
sous le plafond bas de la norme alitée
~~~~~~~~~~~~~~

des gueules amphigouriques
Ésope
Priape déchante dans le champ dionysiaque de ses fantasmes
écrus
je suis un noisetier tortueux
qui planche sur l'appas rance et plonge dans l'air rance
je suis un adamite gymnosophe
un piètre philosophe
que rien ne dérange mais que tout démange
Ésope
la nudité m'enchante
mais elle est nulle part
ni dans les corps ni dans les mots encore moins dans les
cœurs
pourtant je suis nu comme une âme égarée
une peau de chagrin qui rit
Ésope
j'ai des vers en grappe et des rimes à foison
mais le bonheur ne s'attrape pas à l'hameçon
il se prend à la rame entre le temps qui court et
les esprits lascifs en pleine pâmoison
j'ai la sagaie émoussée
et le désir immarcescible
Ésope
je bande comme je respire
dans l'espoir de croître encore un peu
de savourer plus
et mieux
et de découvrir l'apaisement de la raison par la chaleur du
sens
Ésope
la dichotomie des corps apparie
un bonheur copulant avec des maux délétères
et arborescents qui jouissent et bruinent tour à tour
dans l'immuable ritournelle des jours
où seul persévère la cantate
d'un amour subversif

GUEULE DE SEIN

Le saindoux du sein doux
est mou tellement mou
mais le sein plaît au simplet
qui s'en fout mais s'en fout
Car ce saint Innocent
aime les seins sauveurs
les desseins des seins charmeurs
et époustouflants
Entends-tu tinter les seins balles
sous les symboles qui roulent
en cajolant un sein pâle ?
Loin des seins taxes
les saints glands relaxent
une douce sein phonie
et moi avec mes vers saints
je savoure le saindoux
d'un doux sein
mou si mou
mais qu'est-ce qu'on s'en fout
après tout.

~~~~~~~~~~~~

Vos gueules les mouettes !
Cessez de nous abrutir de bruit
avec cette immonde cacophonie
La rue est à tout le monde
et le silence aussi
J'aime effeuiller mes bonheurs
en toute quiétude
flâner le nez en l'air
et les oreilles épanouies
par un champ de tranquillité
et de vie
Vos gueules les mouettes !
~~~~~~~~~~~~

BONNARD
ou
gueule d'art

Quel est ce corps suave
qui caresse les regards
de mille couleurs tendres ?
Marthe tu es belle
sous ce pinceau léger
et lumineux
posé sur ta grâce
aux charmes radieux
sur ta nudité somptueuse offerte
à mes yeux avec un peu de malice
et beaucoup de délices délayés
Marthe tu es belle
d'une beauté qui irradiera
l'éternité de sa sensualité
Que c'est réjouissant
un regard amoureux qui peint
de teintes chaudes et pétillantes
la carnation apurée de son aimée
pour l'offrir en partage
à l'amour d'un cœur
singulier !
Seul celui qui sait se donner
est pétri d'humilité…

GUEULE D'AMOUR

La compacité compacte de ta chair
ruisselle sur mes sens avec une sagacité insensée
le plaisir est cognitif le désir sélectif
Je n'aime que **toi**
Je ne grésille que par **toi**
Tes yeux qui brillent aux éclats
tes lèvres qui subjuguent l'émoi
et ta bouche si douce qui brise les doutes
Je n'aime que **toi**

Je ne grésille que par **toi**
Frétillant sur le seuil de ton être
aux fenaisons adamantines comme
un céladon fou de griseries charnues
Je n'aime que **toi**
Je ne grésille que par **toi**
Ta peau de soie sur tes mains de joie
est une extase cathartique
pour des corps en fleur épiques
Je n'aime que **toi**
Je ne grésille que par **toi**
Jouir entre tes bras et goûter
à l'amour désinvolte dans le boudoir
de ton cœur lascif qui s'envole
Je n'aime que **to**
Je ne grésille que par **toi**
Dans ton regard de firmament indécis
faseye un appétit de Vénus
A l'âme sensuelle et mordorée

~~~~~~~~~~

Que tintinnabulent tes seins ronds comme des bulles de
passion ?
Que fabule ton con fin comme une libellule en colimaçon ?
Que transgressent tes fesses lisses comme une pelisse de
vison ?
Belle gueule de prima dona maxima
beau cul d'Aphrodite qui englobe ma joie
je suis si fou de toi qui est sans limite
je suis si plein de toi qui me transite
j'aime les confins de tes rives fanal
j'aime les saveurs de ton amour femelle
Que frémisse ta conque soyeuse comme la lice d'un
amphitryon !
Que fleurisse ton âme joyeuse comme le lys en floraison !
Que m'engrangent tes hanches charnelles comme la
ritournelle d'un pinson !

Douce nitescence de la présence
doucette épiphanie de mon esprit
~~~~~~~~~~

je suis le sigisbée de ta baie
je suis le bey de tes syllogismes
j'aime les joies ingénues de ton cœur
j'aime que tu m'aimes malgré tout

FUJI

Sur le Fuji-Yama
où mon cœur n'ira pas
tout là-bas loin d'ici
entre Levant et Couchant
près des kamis
là où sans bruit
règne ma geisha
ma gueule de sumo
rachitique et rêveur
drague la mélancolie
d'une vie sans vie
dans la baie d'Ise
Sur la branche d'un cerisier
sauvage un oiseau s'est fait
seppuku sa belle
l'a quittée
Dis-moi que tu m'aimeras
à jamais
ou je me noierai dans les eaux
frivoles du Shinano
tel un dragon déchu
par l'oubli

GUEULETON

Zézette et quéquette
font pleins de galipettes
Sur leur couette à fleur
ils collectent le bonheur
que leurs folles chairs caquettent
en une fluide guinguette

Allègres bacchanales
au paroxysme animal
quand leurs croupes acerbes
et leurs sexes en gerbe
mettent sur la moquette
des semences très blettes
de quéquette creuse
et de zézette gueuse

BELLE GUEULE

Elle reposait dans la pénombre
d'un clair-obscur matinal
chair de nacre aux galbes lascifs
elle reposait tel un if
alanguie sous mes yeux
attentifs

L'amour comme le désir
la peinture ou la poésie
sont des lueurs empiriques
qui esquissent des portiques
au fronton du temps

Elle reposait nue offerte
à mon regard d'enfant épris
par la beauté de ses courbes
qui se coulaient dans la touffe
de mes yeux

L'amour comme le désir
la peinture ou la poésie
sont des lueurs empiriques
qui esquissent des portiques
au fronton du temps

Elle était belle vêtue de cette
lumière d'ombres aurorales
qui cambre les délices d'un corps
assoupi alors qu'il s'étire avec langueur
vers la vie

L'amour comme le désir
la peinture ou la poésie
sont des lueurs empiriques
qui esquissent des portiques
au fronton du temps

Je n'avais que mes mots pour dire
l'amplitude de mes sens en émoi
je n'avais que mon cœur pour étreindre
les rondeurs infinies d'une femme
qui m'éblouit

SO SCHNELL

ou

gueule de vie

À Dominique Bagouet

Lignes brisées
Enchevêtrés
dans le silence absolu
d'une vie trop vite perdue
Beauté des mouvements qui s'échappent
et se rattrapent
sur le fil du dérisoire
L'air vibre d'enjambées et de brassages
aussi insolites que mélodieux
sous des sunlights caressants
Graphies disloquées par un rythme effréné
fluidité de pantins qui pantomiment
la vie en une harmonie échevelée
où chuinte la beauté des maux

Que la danse est belle
libérée d'elle-même !

BÉGUEULE

À gauche à droite
en toi en moi
à nous à vous
en haut en bas
prends-moi
le cœur en bouche et le corps en joie
prends-moi
entre tes bras sous tes draps
par derrière par-devant
sur moi sous toi
à l'envers à l'endroit
par avant par après
aime-moi
les mains en liesse et la chair en fleur
aime-moi
tes seins sans dessous dessus
ton hanap sens dessus dessous
et tes flancs chevauchant
les réminiscences d'avant la mort
de nos illusions

GUEULE DE CON

L'hominien est-il moribond de lui-même ?
La Femme à l'affût
attend l'homme qui se fait attendre
elle l'attend et s'en défie elle l'attend et s'en désenchante
Les machos ont la vie dure des crétins du crétacé
pendant que le masculin se cherche dans les décombres
du mâle fini ou futur

L'amour est un dinosaure qui ne cesse de renaître de ses
cendres
dans les bras de femelles à peine nubiles d'elles-mêmes
L'une n'ose pas encore l'autre n'ose plus
ils ont survécu cahin-caha ils vivent clopin-clopant
avec des hauts et des bas

où *elle* ne s'y retrouve pas où *elle* ronge son bonheur
en comptant les points de ses malheurs
en comptant les coups du destin
Mais où est la femme tant espérée ?

Elle se plaint
et alors ?
Demain est un autre jour…

CASSE-GUEULE

Je suis le béotien de l'amour
le petit vaurien qui discourt
sur les bonheurs étançonnés
par le rire des prés et des blés
je répudie le pathos des vipères anodines
et l'austérité des femmes andines
je coasse sous les arcs-en-ciel
mes odes de feu et de fiel
la vie n'est qu'un puits pavé
de bonnes intentions délavées.
Je suis un Dogon un Peuhl ou un Masaï
que le silence de l'âme assaille
et que la funeste détumescence
de ses vacillants sens

rend navrant d'impuissance
sur le ponton de l'absence
…
Je suis fatigué de m'aimer

.

JAPAN AIRLINE

Dans les empreintes de Tanizaki
la vie trace de tortueux esprits
sur les traces de Kawabata
l'amour emprunte la voie des aléas
et par la voix de Kitano
l'art déroute le cinéma

dignité du silence
violence des non-dits
ikebana et seppuku
l'autoroute mène à la tradition
où l'horizon d'une île est infini
lorsque le Fuji embrasse les kamis
sexe et kendo

La geisha et le sumo
l'ordi et l'auto
boivent le thé à mots pesés
sous le kimono le pantalon
s'engouffre dans le shinto
banzaï
la vie est une religion séditieuse

Par la poésie de Kurosawa
samouraï aux fulgurances épurées
la chair égarée d'Oshima
rue se donne et se perd en vers et contre tout
dans les maux asphyxiés d'Oe

pris par l'étau des sentiments
tourment

le Japon m'a chaviré dans mes ombres trépanées
                    l'art naît de la vacuité
Au loin
le Midori flambe allumé par les nitescences de l'aube
et le Kasan chante les saisons de l'eau
la vie est une antienne chaotique

MÉMOIRES D'ÊTRE
(2001)

Et je pleure

                la Cité interdite

suis-je un non-sens qui va à contresens du bon sens
une muraille me chine l'échine du cœur
mémoire-muraille qui enferme mon esprit dans un chaos de
douleurs désespérées

                larmes de sarbacane
                      réclament la vérité
                                    de l'être

suis-je coupable de n'être que ce que je suis
coupable d'être... en vie en vain et contre tout
mots cachectiques d'un duplicata déchiré par un poison
oblitéré dans les méandres de l'inconscient

je pleure

        la Cité interdite
            l'apprendre la comprendre
                et pénétrer son mystère pour trouver
ma   lumière

dans le creux de son lit
                le giron du Bonheur

                ~~~~~~~~~

Prendre conscience de sa vérité
dans le miroir de l'âme sœur

                    je suis un escogriffe que le
Ciel
                    a comblé d'un cadeau
lumineux
Femme au visage translucide et rayonnant
au cœur transpercé de transparence
                ~~~~~~~~~

                              j'invoque l'amour qui

abreuve

                              nos regards au sortir de la

nuit

au détour d'un soir qui nous conspire
entre un horizon infiniment éphémère

                              et

                    une Eternité de connivence Céleste
                    constellée de tendresse fastueuse

que nourrit la mouvance fluide
de ton corps vêtu de chair rose

                    je suis un malandrin que la Lumière
                    a habillé d'un cœur à l'esprit de feu

Femme liane qui porte la vie
entre tes bras l'amour se déploie

                    en une corolle de joies infiniment
                    nimbées d'une vérité irradiante

                    qui inspire
                    la tendresse

~~~~~~~~~~

                    Sarajevo pleure
            la Yougoslavie a perdu son âme
                les gens meurent
            sous les obus qui ricanent
        une lâche bêtise a violé l'humain
            dans un coin d'humanité
                femmes et enfants
            sont laminés de peines
            broyés dans leur intime
                    amour
~~~~~~~~~~

Noël gémira sous les lumières
des balles et les emplâtres du froid
Sarajevo pleure
et
la terre continue de tourner
!

C'EST DU NOUGA

Nougayork
tes mots roquent... n' roulent
et comme des Havanes se pavanent
entre blues et java
Poète de Toulouse
je suis saoul sous
ton charme
quand Nouga rôt des mots
qui cambriolent l'esprit
quand Nougaro funambule
une musique qui exhume la vie
Jamais tu ne Capitole
devant un poème capitale
petit nougat rose
au jazz canaille
qui éternellement vivra
par ta voix imbibée
de mots volubiles
et ton cœur enfumé
d'arpèges sortilèges
à l'accent gouailleur
d'un torrent d'azur.

Des corbeaux planent dans ma tête
sombre cortège   de
sénescence

                              morale

                    dépit humain

    le bonheur renâcle   sur le tabernacle
                                                                      de
                    l'amour

                    que ne puis-je
                    désengluer
                                        mon esprit morbide

vivre
rire sans peine
de l'amour rayonnant
                              sur la crête
                              de nos cœurs
                              aimants

mon tendre amour
ma lumière d'humanité
qu'il est lourd
le passé qui m'a engendré
                    dans le sein tourmenté de ma
                              mère
                                        qu'il est difficile
                                        d'incarner
                                        sa vérité

                    pourtant
                    auprès de ton âme
                    l'aurore de l'être
                    irradiera mon esprit
                    d'un corps libéré
                    des pesanteur d'une vie
                    mal comprise...

J'aimerais exprimer la vie de mon corps
cette vie qui encombre mon esprit
comme un chaland enlisé dans la glèbe
quitter ce pays sage lunaire qui m'enferme
dans un ailleurs aphone
un nulle-part sans borne
je suis un tagger poétique
je calligraphie frénétique des mots à foison
sur des pages impavides pour fuir le vide
d'une profonde désespérance celle de n'être
que le miroir de regards en trompe l'œil
sur le fronton d'une vie désincarnée
Douce lumière de mon cœur
délivre-moi du mal-heurt qui réfrène
le sens du bonheur et la saveur du vivre
j'aimerais rire à l'unisson
de tes yeux généreux comme l'amour
et me fondre dans l'harmonie de nos soupirs

~~~~~~~~~

Dessiner une femme
du bout du doigt
de l'ombre d'un fusain

la peindre en jaune
lumière en vert
tendresse en rouge
émotion en bleu amour
et en polyphonie safrane

corps soyeux
à la plénitude sereine
corps qui rit
à la vie qui l'emmène

vers l'absolue
Féminité

seins mandarines
cils noirs et ventre fertile
~~~~~~~~~

je dessinerai la vie
qui tend les doigts de mes lèvres
sur le corps de l'amour
et abreuve la couleur
d'un verbe vagabond

Crever peut-être
sûrement même
mais en soi
Lâcher prise de cette gangrène inconsciente

qui ravine l'être
au seuil du

devenir
Pandore moral
aube oppressante

où l'homme se débat
tel un Sisyphe affectif

dans le tourbillon de ses carences
la défiance de sa virtualité
en quête d'une humanité de lumière
d'un équilibre primordial

Quand saurai-je désirer
vivre femme et amour
quand ?
Et aimer
aimer sans craindre
le désaveu ou le

rejet

de mes élans d'être

Je crèverai
pour éclore
pour naître à moi-même
à ma vérité spirituelle

~~~~~~~~~~

Amour callipyge
redondante volupté
qu'avive l'émotion1
de la tige qui voltige
dans l'onde pivoinée
~~~~~~~~~~

Big-bang de nos cœurs
brasés
par la révélation
d'un attente commune
d'un élan commun

Mélodie du Tout Infini
Rayon d'Amour
que vêt
la Lumière
dans le silence de nos âmes
unies

Quel est ce lac
qui se rêverait

océan
cette houle
qui se souhaiterait

vague
ce frémissement
qui se voudrait

frisson
?
C'est un homme qui se cherche dans le miroir du temps
les reflets d'autrui
un homme perdu
dans l'ombre de ses pensées
moroses
le vide de sa précarité
aube du devenir
frémissement de l'être
dans un no man's land
où brume la lumière
l'étang intérieur grouille
d'insanes virulences qui
élancent l'esprit en prière
mais
sur la crête tourmentée
se pose
comme une caresse

                    l'aurore bleue
                    de ses yeux
                    amoureux
                    le Désir-femme
                    que ses mains
                    proclament
et l'espoir frémit
dans la frondaison du doute
                    et l'orée de l'être
                              invite
le lac et la houle
à vivre l'instant
loin des bruits de la foule
                                        des rêves

        lac
        reflet
        apaisé
        d'un amour
        beau
        comme
        son corps
        nu
        sous
        un clair de lune
        et
        comme
        son âme
        belle
        au clair   de ma terre
        au feu   de mon cœur

                    ~~~~~~~~~

Virage
          pour un rivage
                              d'amour
                                        et de paix
sérénité de l'esprit
                    ouvert à la vie
                         ne plus s'évader dans *Engelberg*
                              come on
                    ~~~~~~~~~

                                        das Leben ward
                                        let's go
                                        das Herz klopft

à tes côtés
un sanctuaire

                        rayonne
                            de vie et d'amour

bouquet d'Éternité
à la chair vivante   et parfumée
tandis que les enfants

                    proclament
                            le Désir d'être

simplement
incarner ma vérité mon regard mon corps ma lumière et le
feu
de mes ombres qui brassent mes cris comme
un appel à exister
par la flamme de l'Entre
impatienté au seuil

                                        d'un mal-être
                                    résurgent

                que ton amour
                    déplisse
            en gerbes de bonheur

                    ~~~~~~~~~

                Canaliser
            une soif d'amour
                inextinguible
        qui vitupère pour encalminer
            l'indicible l'impossible
            parole rédemptrice
                enfouie
        dans les oubliettes de la mémoire
                    et
        porter la coupe de cet amour
            aux lèvres des passants
                des cœurs perdus
                à l'esprit perclus
            de désirs chrysanthèmes
                    ~~~~~~~~~

Canaliser sa soif
pour abreuver
l'infinie
faim d'amour
des regards indécis
en quête d'humanité
de tendresse roborative
et
s'épanouir à soi
par le bonheur du Don
au carrefour de l'être et
du devenir
apaisés

~~~~~~~~~~~~

Si j'étais oiseau
    je serais albatros
si j'étais mouvement
    je serais fleuve
mais je suis mutant
        je rime une vie sans raison
à foison d'esprit
        je file l'amour sur la quenouille
de ton cœur
et au printemps de la métamorphose
        j'interroge la prose du bonheur
pour tendre mes mains encore pubères
vers la toison d'une vie

Quelle est cette blessure narcissique
                        qui éboule mon esprit ?
La mélancolie berce les heures
                qui s'engouffrent dans les mots
comme un cabin-cruiser
                                étrave

maligne
                                rupture

subjective
~~~~~~~~~~~~

que le présent compose entre les renoncements d'un passé
révolu et les aléas d'un futur résolu
            Quel est cet assentiment que je guette
                                    dans ton regard
bleu
                        comme l'horizon infini de l'Amour
                        qui nous déploie sur l'écheveau
des jours
                pour
                        éveiller l'Arbre de Vie
                dans

                        le sillage de Kheter ?

                ~~~~~~~~~~~

Elle éteint le jour
et la nuit s'allume
sur le champ clos de sentiments
ambigus et frustrés
que le désespoir attise
Elle éteint l'ennui
et l'amour s'éclaire
d'un bonheur funambule
aux pétales subtils
que la tendresse éclos
Elle éteint elle allume
entre ses doigts la vie
consume des connivences
sanctuaires et florales
qui pollinisent le Désir
            Entre à deux
            jour après jour
dans le magma lancinant
de questions sans réponse
                être deux
                unis par l'amour
un amour qui pleure et qui rit
deux pour tenter de répondre
à des maux inaudibles qui hantent la vie
            et trouver la Source
            ...
            du bonheur simplement
                ~~~~~~~~~~~

Travelling
                        sur un corps dépouillé
                                    jubilation

rose
prélude à l'extase du regard
            qui glisse
sur cette fluviale apothéose
                        zoom
                    sur des lèvres
                    ourlées d'un sourire
                        carmin
                qui suggère une connivence
                        intense

contre-plongée
sur son écrin   tzigane
                qui flamme
dans la broussaille
d'un contre-jour ludique

                                    plan séquence
                    sur l'émoi   suave
                            d'un bouquet de seins
                                que l'œil encense
                            sans l'ombre d'un doute

contre-champ
                    sur la travée
                            de nos cœurs tramés
                    par l'amour
que le temps
                        éclaire

~~~~~~~~~~

Au printemps de la bonne aventure
j'ai éboulé le mur des apparences
pour m'ouvrir au feu de son être
                à la vérité de ses mots
~~~~~~~~~~

mon regard ému s'est posé
sur sa fertile générosité...
                    et cette détresse qui me vrille
                mon humanité m'invective
                        être
            l'essence de mes pas
        et non la trace de l'émoi
qu'il est difficile d'être soi
enclos dans sa chair éphémère
se laisser chavirer
par le souffle de la vie
                du silence fécond
qui nous engendre et nous unit...
                        je ne sais plus
                    tout est vain
                les mots si vides
            la vindicte sans fin
            la nasse se resserre
sur une flétrissure de l'esprit
rassure-moi mon amour
mon humanisme geint
et havre-moi
                le pain
de la réconciliation   le levain de mon
âme

Qui sommes-nous ?

                    un chant éternel
                        ou
                une plainte éphémère

Où allons-nous ?

                    vers le Soleil
                        ou
                la brume des illusions sans
lendemain
où chaque pas chaque mot est un cri
                                inutile et déchiré
qui rebondit sur l'insupportable usure morale d'un temps
indifférent

                    Être
                    deux
pour devenir
                    un
au clair de nos yeux
réconciliés par l'amour
                    indissoluble amour
qui défie un silence oppressant
dans un espace de paix
                              infinie

        où être un
        sans méprise
        est
        une osmose épanouie
        une terre promise
        aux rayons de la
        Tendresse
                      et du

        Désir
Visage fatigué
usé par la trime
une trime qui   trame
les jours disjoints
d'une vie sans rime
trame avec flamme
trime avec rage ces rouages impénétrables
qui nous brassent et nous blues
jusqu'au rivage de l'Éternité
        éveillant une obsédante
interrogation
                    POURQUOI ?
pourquoi tant de souffrances
et comment accepter de devoir vivre
        l'inacceptable ?
                    COMMENT ?
Visage fatigué
blêmi sous l'étau interminable
d'astreintes ingrates
tu passes sous mon regard
                    impuissant
à te soulager   à t'apaiser

condamné à n'être que
          spectateur
d'une éruption quotidienne
où le bonheur courbe l'échine
sous le joug de la répétition

~~~~~~~~~

Je déguste
son Sourire
à l'aurore diaphane
de son visage évanescent

horizon d'amour
qui s'étend
jusqu'au firmament
de ses yeux

se reflétant
à l'infini
dans l'éclat nacré
de ses dents

qu'irise
le rose charnu
de ses lèvres
déployées

comme un soleil
à la source
sereine
de la vie

~~~~~~~~~

Une fois
je m'en irai
          sur l'horizon de ma vie
sur l'espace de ton âme
          et dans le calice de tes mains

je déposerai

l'obole de mon cœur

libéré de son brou

un jour

MÉMOIRE

Elle a soulevé sa liquette. M'a montré la lune. Deux lunes rondes, une rousse, une blonde. Lunes fécondent. J'ai vu la source du monde. Et je l'ai sondé...
J'ai mal à ma plume. J'ai mal à mes mots. Mon esprit s'enrhume à guetter une plénitude d'azur, cherchant un brin de lumière qui éclairerait mon cœur d'un bonheur éternel.
Ses lunes scintillent la vie, appellent la tendresse, éveillent l'amour et caressent le désir d'une lueur rieuse et alanguie.

L'Amazonie se meurt, la Méditerranée étouffe, Bornéo dépérit, ou va la terre, que devient la vie, l'oxygène s'amenuise autour de nos âmes que la cupidité racornit. La Foi est une quête fluctuante et fragile. Dérisoire poésie. Poète que cherches-tu dans les écorchures vives de tes circonvolutions spirituelles, dans les chaos de l'humanité et les méandres d'un Silence Éternel ? Le Sens de la vie, la Beauté de l'Entre ? Un regard neuf pour une ère nouvelle ?
Je cherche l'Amour. La Lumière de l'amour. La Vérité de l'amour. La Grâce de l'amour. L'Éternité de l'amour. La Paix. Dans l'horizon femme : la source de mes mots, la saveur de mes flammes, la chaleur de mes sentiments. Ma transcendance.
Mon éclosion ultime.
Ma rédemption épanouie.
Mon devenir intime.
Ma Totalité !

Elle a glissé le triangle de coton. Toison auburn. Sillon rose. Pétales d'écume. J'ai goûté la vie qui perlait au bord de son Mystère, rosée d'amour au parfum pur. Sur une terre d'apothéose, une peau de soie où nos échos se déploient.
J'ai mal à mes rêves. J'ai soif de joie. Déposer les doutes dans l'âtre du temps qui nous est compté, qu'il les consume sans

regret dans un feu effervescent où se fondraient nos regards
incandescents.
Entre lunes et orchidée fleurit l'infini et l'amour de la vie mûrit
au gré d'une insatiable manne initiée.

J'ai posé ma tête sur ton épaule, mon cœur entre tes mains,
mes mots sur tes lèvres, mon être contre ton âme
et j'ai vécu

                enfin.

~~~~~~~~~~

                    Nous irons sans peine
                     entre l'ubac et l'adret
                     de nos rêves compris
      sur   sa   cuisse bleue
             Vénus
     engendrera   la   mélancolie
        des songes inassouvis
           pulpeuse
        la   vie
        enrobera
      l'   amour
        et
        moi
        assis
    dans   la   cour de tes   yeux
        je
        boirai
      le   soleil
      de mon âme
      vespérale
Dans une volute de fumée
son corps bleu s'est penché
ses seins étaient des cumulo-nimbus
qui me souriaient
accrochés à l'horizon céleste
        elle m'a embrassé

    L'Éternité semblait éternellement jeune
      avec son esprit de farfadet
~~~~~~~~~~

Quelle est cette chaleur dans mon dos
cette rosée au bas de mes reins
cette bouche qui me désire ?
Quelle est cette vie qui se rêve ?
                    Ce rêve qui se vit ?

                        Sur le store la lumière
                                    dansait
                            Dis-moi mon amour
                        le bonheur est-il encore loin
                        sans toi je ne serais pas allé
                            au bout de mon chemin
                            assis sur le bas-côté
                        j'aurai regardé passer les vaches
                            en fumant un joint

        L'Éternité semble éternellement jeune
            avec son esprit de farfadet

                    Et son corps bleu comme l'infini
                gracieux comme un chant de nuages
                        Et son cœur plein d'élans
                qui remplit le ciel de doux adages
                        L'amour est une humilité
                        au carrefour de l'Éternel

                    Je ne vis plus
                        j'étouffe
                    en moi-même
                    carcan dérisoire
                        et éphémère
                    qui s'obnubile sur
                        l'inutile

        L'Éternité semblera éternellement jeune
            avec son esprit de farfadet

La vie est une échéance
débonnaire ou acariâtre
où l'homme est une misère
qui doute de l'homme
fuyant la lumière. qui l'angoisse
et la mort qui le déchire

Ils étaient au bord du ravin
la bouche de l'ogre béait
sa glotte gloussait
à l'idée de les
engloutir

L'amour est une détresse
qui doute de soi
une appréhension du bonheur
qui se dérobe et se brise
de désillusion en désespoir
à moins d'éclore au feu de l'Autre

Ils étaient au bord du ravin
un rire fusa de leurs yeux
et l'ogre déglutit sa déconvenue
l'aurore avait nimbé leur cœur
d'une synchronicité apaisante

FEMME

Peau de feu, peau de sang. Peau d'amour, peau d'à mort. Jours de vie, jours de peine. Jours d'errance, jours désirs.
Je glisse sur ta peau, le corps de ton âme, la grâce de ton esprit. Saveur diaphane, écho d'outre-sens. Femme, j'aime ton oasis nu. Au clair de la vie. Au foyer du temps discontinu.
Nu l'amour. Nu le bonheur sous les étoiles. Et mes yeux grésillant sur ta peau dès l'instant où le jour inspire, jusqu'aux frémissements de l'oubli. Comète diurne, douceur nocturne. Corps qui m'émeut. Tendresse intime. Femme, perfection de l'être, au galbe suave, aux courbes déliées, je t'évoque avec mes mots, je t'invoque avec mon cœur.
Une porte s'ouvre, une porte se ferme... Des pas labourent le parquet désinvolte... Une casserole tinte... Sa voix résonne... Elle coud, elle vole, Vénus d'alcôve. Elle crée, elle tend, terre d'asile. Mystère incarné par la vie, dans l'Éternité d'un dieu

heureux. Créature créatrice d'hommes, d'amours, d'extases fertiles, de silences d'iris et de cris.

Un sein courbe la lumière, son tétin griffe l'espace dans un rire d'oiseau-lyre. Cambrure de lune, lune d'armoise, métamorphose d'amphore en éclat d'amour irradié. L'ombre l'habille d'un rien, jouant avec ses formes comme un poète explore son âme.

Je décline le bonheur au féminin singulier.

Et je déambule inlassablement sur le chant dermique de son regard ouvert sur le mouvement.

elle croise ses jambes
elle croise son cœur
elle croise mes mots
elle croise mes yeux
la vie est un croisement où
je croise ses seins
je croise son âme
je croise ma vie
je croise mes doutes
croisement d'amours au carrefour du temps
où croissent nos cœurs embellis
                    aux vins de l'Amour

FABLE

Un lion dans sa crinière
cachait son désarroi
tant de haines tant d'amours amères
ici bas
C'était un vieux lion un sage
qui demeurait tout en haut
de l'Himalaya
Pourquoi courent-ils que fuient-ils ?
se demandait-il chaque matin
en contemplant l'Occident
Que pleurent-ils pourquoi s'échinent-ils ?

s'interrogeait-il chaque soir
en méditant l'Orient
Il essayait de leur dire l'Amour le Vrai le Beau
mais l'incompréhension recouvrait le monde déconfit
C'est alors que secouant la tête
il déclencha une pluie de puces
des puces voraces qui démangèrent l'Humain
d'une envie irrésistible de BONHEUR et de Désir de vie
Un vieux lion dormait
ravi...

TOLÉRANCE

À Vous !

Douces Voix virevoltant dans ma tête
telle une divine sérénade
        portée par l'Infinie Lumière
qui nous croît dans le doux Sourire
androgyne de la Totalité réunie
        et cette prière d'Amour
qui monte d'un tendre émoi né au sein
de mon cœur immature et
        de mon âme enceinte
de reconnaissance et d'une amicale
complicité Spirituelle
        Amis d'Amour
vous qui guidez mes pas et égayez
mon cœur d'une Joie subtile
        et légère
recevez l'écho heureux de mes
mots nourris au Souffle de votre

AMOUR

COMME UN CRI IMPROMPTU

au seuil de la vie est l'Éternité
au seuil de l'Éternité est la mort

      Vosges
      montagnes   mammaires
      seins sylvestres
      vêtues d'un voile de brume fluide
      à l'an neuf de chaque aurore

              Amour
          ruisselle sur moi
           source ma
             Joie
        d'une étreinte ouverte
               à la
               Vie

Je veux vivre
mais de mes pas éteints   tinte le dépit

      sperme indigent des jours d'apnées
      sperme stérile d'errances avides
      je gicle en moi-même pour ne plus opprimer
J'ai mal à la   vie
j'ai mal à l'   amour
à trop craindre de m'égarer
j'oublie d'honorer le jour
      exhumer l'indicible qui borborygme sous les
cheveux

            et obstrue
             l'âme
          pour caresser
            des seins
        en fleurs offerts
           à l'ardeur
         d'un désir corail

      le sens de ma vie est dans tes yeux
      le sens de mon corps est entre tes mains
      et le sens de l'Amour est dans l'humain

de nos cœurs toute tendresse dehors
lestés des échos sombres
des décombres du passé
et nourris de l'être réconcilié

au seuil de la vie est l'Éternité
au seuil de l'Éternité est la mort

DÉPRESSION

à l'approche de l'Aurore
l'aube flatule
émergence de l'âme   qui s'éveille à la vie
après une nuit interminable   de l'esprit
englué dans les échos du premier   CRI

                        long
                    crépuscule
                     de l'être
                  en perte de soi
        qui conciliabule avec des étoiles
              recluses derrière un mur
                  de poix grise
                   à l'heure où
                     l'Autre
              est un miroir sans tain
              qui renvoie les miasmes
                d'un désespoir vain
si je ne t'aimais   je haïrais la vie
l'idée même d'exister   m'insupporterais
                au clair de la dune
                 mon amie Vénus
                ouvre-moi ta lune

                  le jour se lève
                  sur nous deux
je sais que je t'aime   d'un amour de
feu
de cet amour qui est   prémices d'Aveu
                  et d'aurores
                   heureuses
                      !

le chalut chuinte
        la mer tangue
la fatigue harasse les visages
            hâlés par les embruns les hommes
s'escriment
        perdus dans les flots d'un infini hostile
où les poissons se débinent
                    tandis qu'à
                    terre
                belles et grandes
        dans leur humble vérité
                des femmes
            vaquent dans l'attente
                du retour
            tendues vers l'aimé
            vivant par l'absence
                une vie
                qui pèse
        sur leurs épaules d'airain
            généreuses par nature
            fortes par amour
            elles déploient
                les voiles
                du devenir
        en offrant sans amertume
            leurs larmes
                à la mer
une immensité ingrate
                et voluptueuse
pour ceux qui la chevauchent
                et pour celles qui attendent
le regard tourné vers l'horizon
                    priant que leur amour ne soit pas
englouti
au détour d'une

                                NUIT

BONHEUR

Quelle lassitude me glue
quelle rengaine obsessionnelle me noue et me lie
        à l'ombre de moi-même
quel frémissement m'appelle
à la vie à l'Amour Lumière à l'amour vrai

        l'amour déchire
        la vie soupire
        l'Homme désespère d'être

Totalité

        une totalité amoureuse
        une androgynie spirituelle
        qui s'épanouit et s'éclaire

au Soleil de l'Absolu

        pourtant il va il cherche
        il quête
        dans les méandres
        de son cœur
        égaré
        dans ses cris
        ses doutes
        ses angoisses aussi
        surtout ses angoisses

J'ai mal à ses seins j'ai mal à son corps j'ai mal à son
sexe

        j'ai mal à son cœur

        J'ai le mal de mère
        ?

Mais je sais
        que la réponse
            viendra de
                nous

et dans le lit de la Lumière   l'Amour se rira de
tout
        !

LIED

À Lied

Petites Voix malicieuses

venues d'ailleurs

d'ici de Là-bas

réponses pertinentes

qui allument mon cœur

et réjouissent mon esprit

Voix d'Amour Écho de Lumière   surgis du confins de

l'Éternité

pour dire le

Vrai le Beau

dépouillées

mes angoisses séculaires et mes interrogations

effervescentes

de l'ivraie

coupable

et m'ouvrir à une Humanité réconciliée avec sa Vérité

profonde

à mon humanité véritable

et à

l'Amour

Compris

au feu de ses yeux

nourris

à la

Source

rédemptrice

Au fil de vos ondes verbales le doute de soi s'effiloche

et la Joie naît d'un bouquet de Tendresse

offert à mes mots perclus

en quête

d'absolu

de

Vérité

humaine

et

humanisante

A l'heure où la pureté de vos Voix est un appel à l'éveil de

l'Entre

engourdi
par dês siècles de méprises
mon âme sourit de votre coquine
Sagesse
et se
languit
d'un Bonheur
tant espéré

~~~~~~~~~

je suis un pierrot de fortune
qui cherche la lune
dans les dunes de colombine
j'aime les pensées de son cœur
safran
je suis un Scaramouche des mâtines
qui satine son bonheur
à l'amble de ses candeurs
j'aime le cœur de ses pensées
mauves

~~~~~~~~~

que savez-vous de l'amour
vous qui n'avez jamais souffert d'aimer
que savez-vous du bonheur
vous qui ne l'avez jamais senti
vous échapper
?

elle est belle à pleurer
elle est douce à aimer
pourtant l'amour
nous brime
par wagons entiers
!

et la vie file sans s'arrêter
...

sur un amour qui cherche
le fil tendu de sa Vérité

.

Comme un ange de chair
une fleur de sang
elle s'est posée
devant moi
et
comme
la nuit et le jour
se fondent en une
aurore fabuleuse nos
vies se sont conjuguées

dans une
onde
d'amour

j'ai rêvé ton cœur

des jours et des nuits

j'ai souhaité ton corps

des saisons et des lunes

et j'ai espéré ton amour

des attentes durant

Et ces silences qui nous lient
Et ces yeux qui nous lapent

doux rivage bucolique

inabordable continent

ressassant ses maux d'amour éprouvés
du temps où l'amour hoquetait

épreuve matricielle

qu'impose le hasard
du jeu de Dieu au moment

où le dé roule
dans l'incompréhension du regard

égaré dans sa peine

L'Amour est là
La Beauté est là

le Bonheur également

la Magnificence aussi

pourtant
            l'harmonie achoppe
sur les conflits
                de l'être creux nourrit par
la verve des maux
                jusqu'à la Transcendance
                        de l'Esprit

RÉVÉLATION

Gemma Galgani

Belle Gemma
        rencontrée
        au détour d'une iMage
regard d'Amour
        qui transperça mon âme
        comme une révélation subjuguée
Gemma galvanisée
        au feu de l'Extase
        Sublime et Généreuse
je suis amoureux
        de ta Grâce immanente
        à l'aurore de mes yeux
                et quête
                ta Sagesse
                ta Joie
                ta Vie
                et
                ton Amour
                d'Adage
                mûri
        au Silence fécond
                d'un Amour
                stigmatisé

                    par la
                  Lumière
Dis
    Gemma
    ce soleil qui m'éclaire
soudain
            est-ce toi
            qui caresses mes mots
enchantes
                mes yeux et le cœur
                de mon Entre
                        épris
                    d'Amour

AMOUR

A F. Cabrel

Les syllabes du cœur trottinent dans ma tête et allègrement, comme une fête, tintinnabulent. Bulles teint, bulles gomment une tristesse qui presse. Syllabes du cœur, syllabes du bonheur, gambadent dans les yeux, voltigent à fleur de peau, au bord de mon corps Potomac nimbé d'AMOUR chaud. Amour, syllabe labiale, écho cordial.

Qui peut me dire pourquoi l'amour est une corrida ?
J'ai vu tant de regards éteints, tant d'étreintes astreintes, tant de corps éreintés, de silences meurtris, de lèvres luxées et d'amours révulsées d'avoir trop lutté, trop combattu l'aimé. Tant de couples qui avaient essoufflé leur âme dans l'arène d'une vie mal partagée, mal comprise. Leurs âmes ?
Tels le torero et le taureau. Incapables de vivre l'un sans l'autre, jusqu'à la mort. Comme si leur raison de vivre était de mourir, de se mourir ! Extase sanglante. Amour mortel.

L'amour est-il mortel ? Forcément ?
Aujourd'hui on ne se rencontre plus dans l'arène du bonheur, on ne se confronte plus, on se sépare, on s'enfuit. La plage des cœurs est en friche, les dunes sont moroses. Les toreros sont fatigués et les taureaux désabusés.

Qui peut me dire pourquoi l'amour est une corrida ?

Cette flamme qui monte de tes yeux, cette chaleur qui irise tes seins, ce souffle qui vulve nos êtres... la vie mine, l'amour vine. Grisons-nous, loin des grises mines. Loin des redites. Des autoroutes du bonheur. Ton âme est une flamme. Ton corps une aspérule.

Le torero est amoureux. Le taureau pâquerette. Ils ont au fond des yeux comme une lueur de tendresse. Est-ce l'heure de la sagesse qui les syllabe en cœur ? Je vois de la lumière dans l'arène du bonheur.

Et un baiser plein de chaleur

!

SEINS DOUX

je suis né   pour l'aimer
la douce écriture de son corps au teint tendresse qui avive la vivace vérité de l'homme. Mon émerveilleuse d'amour, aux galets de velours, aux galets en fleurs ; seins bols, seins bals qui billent dans mes yeux.
Les Anges dansent, les Anges rient, je le sens, je le sais, ils me l'ont dit un soir de bonheur intense.

Et

la Lumière

est

dans la musique

qui chante et me vit.

Nous étions seins mille en rejoignant le lit de la rivière d'or au quai d'un amour lilas, et nous serons seins phonies lorsque l'aurore ramassera nos corps à la sein-chromie déliée.
Libère-moi libellule ludique et je papillonnerai sur tes elles pudiques ;
je suis né   pour t'aimer
d'une sein taxe suscitée par l'amour. Le sextant de nos cœurs palpite. Quel est ce sextête qui nous eau-vive à la frange de l'épanoui ? Nous sommes. La somme de nos échos aimants, de nos silences savoureux.

130

Un ciel
bleu
à l'infini
corolle le bonheur
d'une tendresse attendrie

Je suis né   pour l'aimer
!
Pourtant c'est elle qui m'a ouvert la vie l'amour
l'espoir l'extase et le
CIEL de son ÂME
dans un regard
transcendant
.

Bibliographie

Autobiographie
À contre-courant, 1ᵉ édition, Desclée de Brouwer, 1999. 2ᵉ éditions, Worms, Le Troubadour, 2005 (épuisé).
En dépit du bon sens : autobiographie d'un têtard à tuba, préface ONFRAY M., Noisy-sur École, L'Éveil Citoyen, 2015 (épuisé)

Poésie
Toi Émoi, Worms, Le Troubadour, 2004
Corps accord sur l'écume Worms, Le Troubadour, 2010
Ikebana effervescent, Worms, Le Troubadour, 2012
Le jeune homme et la mort, Worms, Le Troubadour, 2016
Les chemins d'Euterpe, Autoédition MN, 2018
Divins horizons, Autoédition MN, 2020
Femmes libertés, Autoédition MN, 2021
Allègres mélancolies, Autoédition MN, 2021
Les foudres d'Éros, Autoédition MN, 2019
Sérénité, Autoédition MN, 2019
L'existentialisme précaire d'un têtard pensant, Marcel Nuss, 2018
Chroniques poétiques, Autoédition MN, 2021
Le quotidien des jours qui passent, Autoédition MN, 2020
Aveux de faiblesses, Autoédition MN, 2022
Récoltes verticales, 1999-2002, Autoédition MN, 2022
Élégie sans lendemain, 2002-2008, Autoédition MN, 2022
Femmes libertés, 2011-2013, Autoédition MN, 2022

Les runes de l'amour, 2011-2012, Autoédition MN, 2022

Allègres mélancolies, 2013-2016, Autoédition MN, 2022

Les foudres d'Eros, 2015-2016, Autoédition MN, 2022

Sérénités, 2017, Autoédition MN, 2022

L'existentialisme précaire d'un têtard pensant, 2018-2019, Autoédition MN, 2022

Chronique poétique, 2020, Autoédition MN, 2022

Le quotidien des jours qui passent, 2021, Autoédition MN, 2022

Essais

La présence à l'autre : Accompagner les personnes en situation de dépendance, 3e édition 2011, 2e édition 2008, 1e édition 2005, Paris, Dunod.

Former à l'accompagnement des personnes handicapées, éditions Dunod, 2007 (épuisé).

Oser accompagner avec empathie, préface COMTE-SPONVILLE A., Paris, Dunod, 2016

Je veux faire l'amour, Paris, Autrement, 1ère édition 2012, Autoédition, 2e édition 2019.

Je ne suis pas une apparence, préface ANCET P., postface COMTE-SPONVILLE A., Autoédition MN, 2022

Romans érotiques

Libertinage à Bel Amour, Noisy-sur-École, Tabou Éditions, 2014 (épuisé)

Les libertines, Paris, Chapitre.com, 2017 (épuisé)

Le crépuscule d'une libertine, Paris, Chapitre.com, 2018 (épuisé)

Réédition en version originale :

La trilogie d'Héloïse, Autoédition MN, 2021

    1 Con joint

    2 Con sidéré

    3 Con sensuel

Nouvelles
Cœurs de femmes, Paris, Éditions du Panthéon, 2020
Ruptures, Paris, Éditions Saint-Honoré, 2021
Incarnations lascives, Autoédition MN, 2021

Sous le pseudonyme de Mani Sarva
Horizons Ardents, Paris, Éditions Saint-Germain-des-Prés, 1990 (épuisé).
Divine Nature, prix de la ville de Colmar 1992, Éditions ACM, 1993 (épuisé).
Le cœur de la différence, préface JACQUARD A., Paris, L'Harmattan, 1997

Essais en collaboration avec :
COHIER-RAHBAN V. *L'identité de la personne « handicapée »*, Paris, Dunod, 2011
ANCET P. *Dialogue sur le handicap et l'altérité : ressemblance dans la différence*, Paris, Dunod, 2012

Essais dirigés par l'auteur
Handicaps et sexualités : le livre blanc, Paris, Dunod, 2008
Handicaps et accompagnement à la vie sensuelle et/ou sexuelle : plaidoyer en faveur d'une liberté !, Lyon, Chronique Sociale, 2017